KB088648

원전마피아

이권과 종속의 구조

原発の深層: 利権と従属の構造

赤旗編集局 著
ⓒ2012 Shimbun Akahata

원전 마피아
이권과 종속의 구조

2014년 9월 30일 초판 1쇄 발행

지은이 신문 아카하타 편집국
옮긴이 홍상현
펴낸이 임두혁
편집 최인희 김삼권 조정민
디자인 허선인

펴낸곳 나름북스
등록 2010. 3. 16 제2010-000009호
주소 서울 마포구 동교로18길 31 302호
전화 02-6083-8395
팩스 02-323-8395
이메일 narumbooks@gmail.com
홈페이지 www.narumbooks.com

ISBN 979-11-86036-00-6   03300

협'의　　　　심층을　　　　파고드는　　　　르포르타주

원전마피아

|권과 종속의 구조

!문 아카하타」 편집국 지음
상현 옮김

북스

한국 독자들에게

≪원전마피아: 이권과 종속의 구조≫는 이미 같은 옮긴이에 의해 한국에 소개되어 호평을 받고 있는 ≪일본 원전 대해부: 누가 원전을 재가동하려 하는가≫의 속편으로, 2011년 3월 도쿄전력 후쿠시마(福島) 제1원전에서 일어난 과혹사고[1]의 배경에 있는 이권과 종속 구조를 추적하고, 원전의 유지 · 존속을 고집하며 재가동을 위해 아베 신조(安倍晋三)의 자민당 정권을 압박하는 '원전 이익공동체', 즉 '원전마피아'의 파렴치한 행태와 교묘한 수법을 추적한 책입니다.

전작인 ≪일본 원전 대해부: 누가 원전을 재가동하려 하는가≫의 한국어판 서문을 통해, 저는 현재(2013년 12월) 일본에서 가동 중인 원전은 1기도 없으며, '원전 제로(0)'를 바라는 국민 여론이 정부 · 전력회사 등에 의한 원전의 재가동 시도에 제동을 걸고 있다는 말씀을 드린 바 있습니다. 그로부터 6개월이 지난 지금에도 여론의 확대와 가동 제로라는 상황에는 변함이 없습니다.

현재 '원전 폐지-제로'를 요구하는 여론은 후쿠시마 원전 사고 이후, 어떤 여론 조사에서도 70~80%를 차지하고 있습니다. 예를 들어 교도(共同)통신이 후쿠시마 제1원전 사고 후 3년이 경과한 시점인 2014년 3월 실시한 여론 조사에 따르면 원전의 향배에 관한 질문에 대해 '즉시 제로'라는 응답이 10.7%, '단계적으로 줄이다가 장래에는 제로'라는 응답은 58.2%로, '원전 제로'를 요구하는 응답이 70%에 달했습니다. 그리고 시사통신이 지난 5월 실시한 여론 조사에서는 국내 원전을 '즉시 없애야 한다'는 의견이 10.3%, '가능한 한 빨리 없애야 한다'가 24.7%, 그리고 '서서히 줄여가다 장래에는 없애야 한다'는 의견이 49.3%를 차지, 모두 80%의 응답자가 '원전 제로'를 요구했습니다.

'재가동 반대'와 '원전 제로'를 촉구하며 매주 금요일 총리관저 앞에서 진행되는 국민행동은 2012년 3월 29일 처음 시작된 이래, 지난 5월 100회를 넘겼습니다. 2년 이상 계속되고 있는 이 국민행동은 현재 일본 전역으로 확산되었습니다. 회를 거듭할수록 여론을 변화시키고 원전추진 세력의 손발을 강하게 묶어 온 것입니다.

원전 제로를 요구하는 국민 여론과 운동의 확대로 나타난 가장 '상징적인 결과'는 바로 2014년 5월 21일에 있었던 후쿠이(福井) 지방법원의 판결입니다. 간사이(関西)전력 오오이(大飯) 원전의 운전 금지 요구와 관련해 진행된 이 재판에서 재판부는 '원전의 안전 기술과 설비가 취약하다고 인정할 수밖에 없다'면서 오오이 원전 3, 4호기의 재가동 금지를 명했습니다. 간사이전력 측은 즉각 항소했지만, 이 판결이 정부·전력회사의 적극적인 재가동 시도에 큰 타격을 안겨주었음은 분명합니다.

이 판결은 다음과 같은 점에서 획기적인 의의가 있습니다.

첫 번째로 '생존을 기초로 하는 인격권이 최고의 가치를 지닌다'는 사고입니다.

"인격권은 헌법상의 권리이므로, 일본의 법제에서는 이를 뛰어넘는 다른 어떤 가치도 찾아낼 수 없다. (따라서) 생명을 지키는 생활의 유지와 인격권이 원전 사고로 인해 침해받을 우려가 있을 경우, (ㄱ) 침해 행위를 금지할 수 있다." '국민의 생명과 생계를 지키는 것 이상으로 소중한 것은 없다'는 입장에서 재가동 정지라는 판단이 내려진 것입니다.

두 번째는 원전이 가진 본질적인 위험을 직시했다는 것입니다.

"원전 기술의 위험성이나 그것이 초래하는 피해의 크기는 후쿠시마 원전 사고를 통해 충분히 밝혀졌다. 원전 사고는 발생 이후 시간의 경과에 따라 그 피해가 확대되는 기존의 사고들과 다른 성질을 가진다." '일단 사고가 일어나면 그 피해가 시간적으로나 공간적으로 끝없이 확대'되는 원전 사고의 '이질적 위험'에 대해 직시할 필요성을 강조한 것입니다.

세 번째는 안전 신화를 단죄하고 지진 대책의 취약성에 경종을 울린 것입니다.

최근 10년간 안전 대책의 기준이었던 '기준치진동(基準值振動)'(상정된 지진의 최대 강도)을 뛰어넘는 큰 지진이 동일본대지진을 포함, 다섯 번이나 원전을 휩쓸었습니다. 이러한 '지진 대국' 일본에서 '기준치진동'의 범위를 뛰어넘은 지진이 오오이 원전에서만 일어나지 않으리라는 것은 근거 없는 낙관적 전망에 불과하므로, '안전'을 강조하는 간사이전력의 주장은 그 근거를 "신뢰할 수 없다"면서, 사법부가 원전에 대한 '안전 신화'를 단죄한 것입니다.

네 번째는 국민의 생명보다 비용을 우선하는 사고를 물리친 것입니다.

간사이전력은 원전의 정지에 뒤따르는 '경제적 리스크(risk)'를 문제 삼지만, "여러 사람의 생존에 관한 권리와 전기요금 문제를 같은 선상에서 논하는 것은 법적으로 용납될 수 없다", "원전의 운전 정지로 더 많은 무역 적자가 난다 하더라도 그것을 국부의 상실이라고 말할 수는 없다. 풍요로운 국토와 생활을 회복하기 힘들어지는 것이야말로 국부의 상실이다." 경제적 비용보다 인명을 우선하는 대단히 명쾌한 논리입니다.

원전의 본질적인 위험을 직시하고 인격권을 최우선하는 사고에 입각한 '재가동 금지'의 논리는 오오이 원전뿐만 아니라 일본의 모든 원전에 해당되는 이야기입니다. 아울러 이 소송의 원고단장(原告團長)이었던 나카지마 테츠엔(長島哲演) 씨가 이번 판결의 의의에 대해 "여론과 운동이 응축(凝縮)한 결과로, 수많은 사람의 의견과 바람이 모여 이루어진 '공유 재산'"이라 언급했던 것과도 일맥상통합니다.

또한, 이는 현재 한국에서 확산되고 있는 노후 원전의 폐쇄 촉구 운동과도 공통점을 갖습니다. 2014년 6월 2일 한국의 대학교수, 종교인, 소설가, 시민단체 대표 등 56명이 고리 1호기의 즉각적인 폐쇄를 요구하는 선언을 발표했습니다. 이 선언문은 많은 시민이 고리 1호기의 대형사고 발생 가능성에 대해 우려하고 있으며, 원전 밀집 지역에서 사고가 일어날 경우 세월호 사고와 비교할 수 없을 정도의 대참사로 이어질 것이므로, "좀 더 안전한 대한민국을 만들기 위해 가장 긴급하고 심각한 과제로 노후 핵발전소 고리 1호기의 폐쇄를 요구한다"는 내용을 담고 있습니다.

바로 원전의 본질적인 위험을 직시하고 주민의 생명과 생계를 최우선한다는 후쿠이 지방법원 판결의 논리와 합치되는 것입니다.

한편 아베 정권은 '원전 제로 일본'을 바라는 국민의 열망에 도전하듯, 원전추진 노선을 고집, 원전의 재가동과 해외 수출에 집념을 불태우고 있습니다. 2013년 9월 이후 계속 '원전 가동 제로 사태'의 조기 타개를 노리면서 당장 올 가을부터 큐슈전력 센나이(川內) 원전 1, 2호기를 돌파구로 삼아 재가동을 획책하고 있는 것입니다.

하지만 정부·전력회사·원전추진 세력이 안달할수록 국민과의 갈등만 깊어질 뿐입니다. 2014년 5월 한 지역 신문이 가고시마 현민들을 대상으로 실시한 여론 조사에 따르면, 센나이 원전 재가동에 대한 주민들의 반대 의견이 무려 59%에 달했습니다. 원전으로부터 30km 권내에 있는 5개 시의회는 일제히 재가동 반대 의견서와 결의안 등을 채택했으며, 어떤 시의 경우 재가동 반대 서명이 주민의 과반수를 넘기도 했습니다. 이렇듯 '졸속

행정에 따른 위험천만한 재가동 반대'를 주장하는 운동은 현재 일본에서 급속히 확산되고 있으며, 원전추진 세력과 날카로운 대립각을 세우고 있습니다.

　아무쪼록 원전추진 세력의 실태를 파헤친 이 책이 일본뿐 아니라 한국의 원전 관련 운동 발전에 조금이나마 도움이 될 수 있다면 기쁘겠습니다.

2014년 6월
<신문 아카하타> 편집국을 대표하여
편집국 차장 곤도 마사오(近藤正男)

책을 펴내며

이 책은 <신문 아카하타>에 2011년 9월 1일부터 12월 24일까지 실렸던 특집연재인 '원전의 심층'(5부 편성)을 보충 · 정리해 한 권의 책으로 펴낸 것입니다.

지난해 3월 11일 발생한 동일본대지진으로 일어난 후쿠시마 제1원전 사고 이후, <신문 아카하타> 편집국은 다른 사고에서 볼 수 없는 '이질적 위험성'을 가진 원전 사고의 실상을 알리고 피해자들을 돕는 일에 전력을 기울이는 한편, 사고의 배경에 자리한 두 개의 '어둠' -재계 · 정계 · 관계 · 학계 · 언론 등의 유착구조인 원전이익공동체와 에너지 분야의 대미종속구조- 을 파헤쳐 왔습니다. 이는 사고 이후에도 아무런 반성 없이 '원전추진'을 고집하거나, 혹은 최근에 '탈원전'으로 입장을 전환한 매스미디어들이 결코 다루지 못했던 영역이었습니다. 그리고 그 성과 중 일부가 이 책보다 조금 일찍 출판된 ≪원전의 어둠: 그 원류와 야망을 폭로한다≫(신일본출판사)에 기록되기도 했습니다.

취재를 통해 우리는 위에서 언급한 이른바 '두 개의 어둠'의 심각성을 실감할 수 있었습니다. 도쿄전력을 비롯한 원전이익공동체는 어떻게 형성되었고, 어떤 유착구조를 형성하고 있는지, 그리고 미국의 세계전략 속에서 일본의 원전 건설은 어떤 위치를 점하고 있는지 그 '어둠'의 '심층'을 파고들어 보고 싶다는 의도에서 비롯된 것이 바로 특집연재 '원전의 심층'입니다. '원전의 심층'은 경제부, 정치부, 사회부가 협력해 취재하고, 장기간에 걸쳐 연재되었습니다.

제1장과 제3장은 원전 입지 지자체에 흘러드는 교부금이나 전력회사의 거액의 기부금 등과 같은 '원전 머니'가 어떻게 주민의 반대운동을 무력화시켜 왔는지를 생생한 르포르타주 형식으로 그리고 있습니다. 또한, 전직 총리를 비롯한 정치가들이 수행했던 역할과 '원전 머니'를 매개로 한 유착구조 형성에 대해서도 추적하고 있습니다. 오랫동안 '원전 머니'와 관련한 부정과 의

혹 등에 맞서 싸워 왔던 일본공산당 소속 의원과 당원들의 축적된 경험은 기자들의 취재에 결정적인 도움을 주었습니다. 이 책에 원전 입지를 거부했던 후쿠이 현 코하마(小浜) 시의 사례를 추가한 것도 바로 전국 각지의 주민들과 함께해 온 일본공산당의 투쟁이, 원전의 대량 증설 계획을 절반 이하로 억제시키는 등, 원전을 막아내는 큰 힘으로 작용했다는 사실을 기록해 두고 싶었기 때문이었습니다.

제2장에서는 미국의 세계전략 하에서 일본 원전이 어떻게 건설되었는지 그 과정을 추적하고, 미국에 의한 핵연료 지배가 어떻게 형성되어 일본 지배층에 받아들여졌는지, 그리고 그 과정에서 미디어는 어떤 역할을 수행했는지에 대해 규명했습니다. 이를 위해 국내 연구자들을 취재하고 조언을 구하는 한편 8월 말에는 미국 단기취재를 진행, 폭염 속에 캔자스 주 아이젠하워 도서관을 오가며 방대한 사료(史料)들을 접했습니다. 사료 조사와 더불어 초기부터 원전 건설에 관여했던 관계자들의 증언을 통해 '안

전 신화'의 원류를 거슬러 올라가 볼 수 있었습니다.

제4장에서는 '큐슈전력 사전공모 메일 사건[2]'을 특종 보도한 <신문 아카하타>가 아니면 밝힐 수 없었던 새로운 사실들을 다룸으로써 '사전공모'의 구조를 파헤쳐 보았습니다. 이를 통해 인터넷의 뜬소문에 의지해 '원전추진'을 고집하는 전력회사의 우스꽝스러움과 지사와의 유착방식 등이 드러날 것입니다. 원전이 어떻게 막대한 이익을 창출하는지와 관련해 종합건설사나 원자로 메이커 관계자의 증언 또한 공개됩니다. 원전 문제와 관련, 일본공산당과 <신문 아카하타>가 일본사회에서 받고 있는 깊은 신뢰는 새로운 사실을 발굴하는 원천이 되고 있습니다.

제5장은 '원전추진'의 중심축이었던 도쿄전력에서 내부적으로 자행하고 있는 직장 통제와 함께, 대학이나 연구기관에서 벌어지는 사상 차별에 대해 다룰 것입니다. 이 '감시와 차별의 구조'는 그간 일본의 언론에서 한 번도 보도된 적이 없었습니다. 이 문제들을 일관되게 고발해 왔던 <신문 아카하타>의 축적된 경험을

바탕으로 차별에 항거해 투쟁한 사람들의 역할을 조명해 보려는 의도에서 관계자 탐문 취재를 진행했습니다. 그 과정에서 수집된 도쿄전력 사사(社史), 사상 차별 재판 자료 등이 상자 몇 개를 가득 채울 정도의 분량이었습니다. 차별에 항거한 사람들의 투쟁이 오늘날에도 계속되는 까닭에, 연재가 끝난 이후 증언에 참여했던 사람들이나 원전추진파 연구자들 사이에서 반성과 사고수습 책임에 대해 논의하는 분위기가 조성되고 있다고 들었습니다.

각 장을 집필한 사람은 제1장 가네코 토요히로(金子豊弘) 기자, 시미즈 와타루(清水渡) 기자, 나카가와 료(中川亮) 기자(이상 경제부), 후지사와 타다아키(藤沢忠明) 기자(사회부), 마츠다 시게로우(松田繁郎) 기자(정치부), 제2장 모토 요시타카(榎本好孝) 기자, 다케시타 타카시(竹下岳) 기자(이상 정치부), 제3장 시미즈 와타루 기자, 제4장 모리치카 시게키(森近茂樹) 기자, 야노 마사히로(矢野昌弘) 기자(이상 사회부), 오카모토 하루(岡本晴) 기자(서일본 총국), 그리고 제5장 후지와라 타다시(藤原直) 기자(정치부), 이케다 스스무(池田晋) 기자, 마츠누마 타마키(松沼環) 기자(이상 사회부) 등입니다. 이 책의 취재 및 집필과 관련, 직접 거론되었던 분들 외에도 수많은 분들로부터 도움을 받았습니다. 이 지면을 빌어 감사의 말씀을 드립니다. 또한, 본문에 등장하는 인물의 직함과 연령 등은 취재 당시를 기준으로 합니다.

우리의 취재와 기사가 진정 '원전의 심층'에 다가갈 수 있었는지는 독자 여러분의 판단에 맡겨야 하겠지만, 아무쪼록 이 책이 '원전 제로 일본'을 지향하는 노력에 일조할 수 있기를 진심으로 바라마지 않습니다.

2012년 1월
취재반을 대표하여
<신문 아카하타> 편집차장 · 정치부장 후지타 켄(藤田健)

제2장 미국의 전략과 일본 – '평화적 이용'이라는 속임수

제3장 꿈틀대는 이권집단 – 과혹사고 후에도 '원전추진'

제4장 '사전공모 메일 사건'의 배경

제5장 차별과 억압을 넘어서

제1장

지자체로 흘러드는 원전 머니

지자체에 기부된 수수께끼의 거액

일본열도 서쪽 지역을 대표하는 해수욕장들이 몇 군데나 자리해 있는 후쿠이 현의 와카사(若狹)만. 불과 반경 25km 거리에 15기나 되는 원자력발전소가 집중되어 있어 '원전의 긴자(銀座)'라고 불립니다(지도 참조). 이곳에 원전추진을 위한 거액의 원전 머니가 몰리면서 지자체의 행정이 일그러지고 말았습니다.

인구 약 9천 명 규모의 오오이초(おおい町). 코하마만을 품고 있는 듯한 형태로 이어져 있는 오오시마(大島) 반도의 끝부분에 간사이전력 오오이 발전소가 있습니다. 이 지역 지자체에는 오랫동안 거액의 기부금이 흘러들어 왔습니다. 지자체당국은 누가 그 기부금을 내고 있는지 공표하지 않습니다. 그러나 그것이 원전에 대한 주민의 불안을 억누르기 위한 '간사이(関西)전력 머니'임을 부정하는 사람은 없습니다.

지역 내 63개 지구 마을 모두에 '간사이전력 머니' 유입 시스템이 완비되어 있었습니다.

모든 것의 발단은 바로 1986년 지역에 흘러 들어온, 간사이전력이 보낸 것으로 추정되는 5억 엔의 기부금이었습니다. 지자체 당국은 기금을 설립해 은행에 5억 엔을 모두 예치한 후, 그 이자를 마을에 배포하는 시스템을 구성했습니다. '오오이초 전(全) 주민 지표(指標)활동 지원기금 조례'가 그것입니다.

각 지구마다 연간 최대 180만 엔 정도의 자유롭게 쓸 수 있는 돈이 굴러들어 와 주민들의 축제나 여행, 청소 등에 쓰입니다. 이는 모두 마을 단위에서 전체적으로 치러지는 행사들이기 때문에 설사 원전에 반대하는 사람이라도 참여할 수밖에 없습니다.

일본공산당 소속 사루하시 타쿠미(猿橋巧) 오오이초 의회 의원은 "(이 시스템은) 오오이 원전 3, 4호기 증설(1987년 착공)에 따른 주민의 불안을 억누르는 것이 목적이었습니다. 지금까지도 운영되고 있는데, 영락없는 '마을 전체 매수'입니다"라며 강하게 비판합니다.

또 나타쇼무라(名田庄村, 지금의 오오이초)에서는 1966년 간사이전력 양수발전소(揚水発電所)[3] 건설 관련 이야기가 나오면서 지역 주민들이 이주하는 일도 있었지만, 결국 계획은 2005년에 이르러 좌절되었습니다.

한 지역 의회 관계자는 증언합니다.

"계획이 좌절됨에 따라 간사이전력은 '피해 보상금'으로 지자체에 1억 5천만 엔의 현금을 지불하겠다는 의사를 밝혀 왔습니다. 다만, 이 일이 세상에 알려지면 양수발전소 건설로 폐를 끼친 다른 지자체에서도 돈을 요구해 올 테니, 기부금으로 처리해 표면에 드러나지 않게 해주었으면 좋겠다고 했습니다." 실로 '은밀'이나 '잠행' 같은 표현이 무척 잘 어울리는 업무 스타일입니다.

미하마(美浜) 원전이 있는 미하마초에는 2006년 일반회계로 12억 3천만 엔, 그리고 2007년 10억 2천만 엔의 기부금이 들어왔습니다. 모두 기부자의 이름을 밝히지 않은 익명 기부금입니다.

2004년 8월 바로 이 미하마 원전 3호기에서 두 사람의 사상자를 낸 증기유출 사고가 일어났습니다. 하지만 2006년 5월 후쿠이 현 지사는 3호기의 운전 재개를 승인하겠다는 의향을 밝혔고, 결국 이듬해인 2007년 2월 미하마 원전의 영업운전이 재개되었습니다.

현지에서 찻집을 운영하는 여성(54세)은 말했습니다.

"간사이전력은 지역에 돈을 기부해 지역 유력 인사들과 돈독한 관계를 유지하고 있어요. 회사도 간사이전력 관계사뿐이고, 돈 나올 데라고는 간사이전력밖에 없거든요. 미하마초에서는 한마디로 '간사이전력느님'인 거죠."

가짜공사 의혹

    2011년 8월 17일, 후쿠이지방재판소에서 어떤 소송의 판결이 있었습니다. 현(県)의 사업 가운데 부정공사로 인한 불법 공금지출이 있던 것과 관련해 니시가와 카즈미(西川一誠) 후쿠이 현 지사를 상대로 본인, 전(前) 지사, 공사 관계자 등에게 손해배상을 요구한 소송이었습니다. "본 사건과 관련한 소를 모두 각하한다." 불과 20초 만에 선고가 내려졌습니다. 원고 마쓰모토 히로시(松本浩) 씨(72세, 전직 대학교수, 코하마 시)가 아무 말 없이 그 내용을 경청하고 있었습니다.

    소송의 대상은 후쿠이 현 다카하마초(高浜町)에 와키사카(脇坂)공원(사진1) 조성을 위해 현이 시행했던 '만남의 해변 조성사업'입니다. 와키사카공원 북쪽 2km 지점에는 간사이전력 다카하마 원자력발전소가 있습니다. 다카하마 원전은 1974년부터 가동되었습니다.

사진1. '만남의 해변 조성사업'으로 만들어진 와키사카(脇坂) 공원(후쿠이 현 다카하마 시)

'만남의 해변 조성사업'에는 일반회계에서 45억 엔의 사업비가 지출되었습니다. 이 일반회계에는 정부가 원전 입지 지자체에 지급하는 전원 3법 교부금[4]이 포함되어 있습니다.

이 사업에서 쓰고 남은 흙은 다카하마초 아즈치(安土) 지구 공유수면 매립에 쓰였습니다. 매립공사에 36억 엔이 넘는 돈이 소요되는 바람에 다카하마초는 모자라는 비용을 꾸어다 써야 했는데, 이 차입금을 갚는 데에도 전원 3법 교부금과 현이 교부한 핵연료세(核燃料稅)가 지출되었습니다.

그럼에도 불구하고 후쿠이지방재판소는 '만남의 해변 조성사업'에서 이루어진 불법적 공금지출에 대해 문제를 제기했던 마쓰모토 씨가 "출소(出訴)기간을 준수하지 않았다"면서 소를 각하했습니다. 그 내용에 대해서는 언급조차 없었습니다. 이른바 '문전박대' 판결이었던 것입니다.

마쓰모토 씨 등은 "(사업비는) 정부가 현에 지출한 60억 엔의 핵연료 사이클 교부금으로 충당했던 것 아닌가. 우리가 조사한

바에 따르면 45억 엔의 '만남의 해변 조성사업'을 진행하는 가운데 실제로 진행되지 않은 가짜공사가 18건이나 되며, 여기 책정된 금액만 16억 엔에 달한다. 그 중 십수억 엔은 현의 비자금이 된 것 아닌가"라는 문제제기와 함께 공소를 제기하기로 결정했습니다.

다카하마초를 둘러싼 불투명한 자금 흐름은 어제오늘 시작된 것이 아닙니다.

1978년의 일입니다. 다카하마 원자력발전소 3, 4호기 증설을 계획하고 있던 간사이전력은 다카하마초와 지역 어업협동조합에 건설협력자금을 내놓았습니다. 금액은 9억 엔. 당시 다카하마초에서는 지역 어업협동조합에 3억 엔이 넘는 금액을 지출했다고 설명했습니다. 하지만 간사이전력과 주고받았던 각서 등의 서류를 공개하지는 않았습니다.

여기서 문제가 된 것은 9억 엔 뿐만이 아니었습니다.

한 기초의회 관계자는 "당시 지자체 부단체장이었던 모리야마 에이지(森山米治) 씨가 떨어뜨린 수첩에 간사이전력으로부터 받은 금액이 9억 엔이 아닌 24억 엔이라고 적혀 있었다"면서 원전 머니를 둘러싼 '어둠'의 존재에 대해 언급했습니다.

동연(동력로·핵연료 개발 사업단)과 원전으로부터 "1억씩 받았다"

원자력발전소가 집중적으로 입지해 있는 후쿠이 현에는 모두 15기의 원자로가 있습니다. 정부로부터 지급된 전원 3법 교부금은 연간 약 100억 엔(2009년 현재)에 달합니다.

어느 날 현의회(県議会)를 마친 후 일본공산당 사토 마사오(佐藤正雄) 현의원은 한 자민당 현의원으로부터 이런 이야기를 듣게 되었습니다. "우린 원전 기술 같은 거 몰라. 그럼 어떤 기준으로 원전 행정에 대해 판단하느냐, 바로 지역진흥이지. 지역진흥이 OK라면, 원전도 OK인 거야."

그럼 실제로도 원전 머니는 지역진흥에 도움이 되었던 것일까요.

일본원자력발전의 쓰루가(敦賀) 원전과 일본원자력연구개발기구의 고속증식로 '몬주5)(もんじゅ)'(사진2)등이 입지해 있는 쓰루가 시가 1974년부터 2010년까지 지급받은 전원 3법 교부금은 총 462억 7천만 엔에 달합니다.

사진2. 일본원자력연구개발기구의 고속증식로 '몬주' = 후쿠이 현 쓰루가 시

쓰루가 시의 야마모토 키요코(山本貴美子) 시의원은 말합니다.

"시는 교부금에만 의존하면서 그 돈으로 공공시설을 짓는 등의 전시 행정을 거듭해 왔습니다. 반면, 토착산업 육성에는 전혀 힘을 기울이지 않아 제조업이 쇠퇴하게 되었지요." 1979년부터 2009년까지 30년 동안 쓰루가 시에 소재해 있던 제조업체 중 절반이 사라졌습니다.

원전 머니에 의존하면서 사람들의 사고 또한 황폐화되어 갔습니다.

후쿠이 현에 인접해 있는 이시카와(石川) 현 시카마치(志賀町)에서는 1988년 12월 시카 원전 1호기 건설이 시작되었습니다. 그로부터 5년 전인 1983년 1월 26일 시카마치에서는 당시 쓰루가 시장이던 다카기 코우이치(高木孝一)씨가 '(원전을 입지시켰던) 선배'로서 다음과 같은 연설을 했습니다.

"원자력발전소와 관련해 촌각을 다투는 사건이란 일어나지 않는다고 합니다. 대신 100년이 지나 기형아가 태어날지, 50년

후에 낳은 아이가 전부 기형아가 될지, 그건 알 수 없지요. 그렇지만, 일단 지금 단계에서는 하는 편이 좋아요. 언제까지나 걱정만 하고 있을 때가 아니란 말입니다."

원전 머니는 그 추진자들의 인권뿐만 아니라 금전감각도 마비시킵니다.

다카기 씨는 이 연설에서 다음과 같은 이야기도 했습니다.

쓰루가 시 개히(気比)신사 복구비용을 마련하려고 다음날 호쿠리쿠(北陸)전력에 가서 "1억 엔만 기부해 달라"고 요청하면서 이렇게 말했답니다.

"요전에 도쿄에 가서 동연(지금의 일본원자력연구개발기구)과 원전, 두 군데를 돌았는데 '알겠습니다'라면서 각각 1억엔 씩 내놓기에 받아 왔습니다. 이런 식으로 기부를 받아 내는 거죠."

폭력조직이 인부를 모집

원전 머니는 그 힘으로 차별을 확산시키는 것은 물론 폭력조직의 개입까지도 허용하고 있습니다.

후쿠이 현 미하마초에는 간사이전력 미하마 원자력발전소가 있습니다. 이전에 원전과 관련된 일을 했던 한 남성(65세)이 말했습니다.

"현장에서 작업하다가 기준 피폭량을 넘기면 감독이 '내일부터 그만두라'면서 호통을 치곤 했습니다. 노동자의 인권 따위는 없었어요."

인부가 피폭되면 도급회사가 간사이전력으로부터 문책을 당하기 때문이었습니다.

그 남성이 택시회사에서 일하던 시절, 원전에 반대하던 사원도 해고 위협을 받았다고 합니다. "상사는 언제나 '간사이전력은 최고의 고객이라고. 그런 간사이전력에 반대하는 소리 따위 지껄이면 해고해 버릴 거야'라고 말했습니다. 원전에 반대하는 사원이 있다는 건 회사로써는 난처한 일이었던 거죠."

간사이전력의 다카하마 원전(사진3)이 있는 다카하마초에서는 원전에 반대하는 사람들이 곤란을 당하는 일이 일상다반사였습니다. 원전 반대 서명운동에 참가했던 사람에게 서명을 철회하라는 압력이 가해지기도 하고, 원전 문제 관련 학습회를 하려고 주민회관 대여신청을 하면 허가가 떨어지지 않았습니다.

사진3. 간사이전력 다카하마 원자력발전소 = 후쿠이 현 다카하마 시

거액의 돈이 꼬이는 원전에는 암흑세계 사람들이 몰려듭니다. 원전 작업에 투입될 인부를 모집하는 알선업자에게 사람들의 빈곤은 약점으로 작용합니다.

도쿄전력 후쿠시마 원전에 인부를 파견했던 전직 폭력조직원 남성(67세)은 증언합니다.

"조직 관계자로부터 사람들을 모아주지 않겠느냐는 부탁을 받았습니다."

인원수는 대체로 10명에서 15명, 더러는 20명까지 모아 달라는 요구를 받았던 적도 있었다고 합니다.

"'간단한 작업만으로 1, 2만 엔을 벌 수 있다'고 말했더니 사람들이 모여들었습니다. 개중에는 4천만 엔 빚을 지고 도망쳐 왔다는 40대 남자가 있는가 하면 작업현장에 도착하자마자 곧장 내빼 버리는 어설픈 사람도 있었습니다. 까딱 잘못했다간 제 목숨이 위태로울 판이니까."

비정규직 파견노동자로 일하다 해고당한 젊은이들도 좋은 먹

잇감이 됩니다. 친구가 원전에서 인부로 일했었다는 한 남성은 다음과 같이 말했습니다.

"쓰루가 시에 살던 친구가 파견노동자로 일하다 해고되고 나서 원전에서 인부로 일하게 되었습니다. 업무 알선에 폭력조직이 개입돼 있다고 들었어요. 회사와 고용계약을 맺었지만, 임금은 사실 폭력단을 거쳐서 받게 되는 겁니다. 전력회사는 한 사람당 3만 엔을 지불하고 있다는데 정작 일을 한 당사자는 8천 엔밖에 받지 못합니다. 중간에 돈을 가로채고 있어서겠지요."

원전 머니로 지어진 공공시설, 지역재정의 부담으로

정부가 원전이 입지해 있는 지자체에 억 단위의 교부금을 지급함에 따라 지자체에서는 공공시설 신축공사 등을 진행했습니다. 하지만 대규모 시설에는 많은 유지비가 들기 마련이고, 결국 그로 인해 지자체 재정이 압박을 받게 됩니다.

일본원자력발전의 쓰루가 원전과 일본원자력연구개발기구의 고속증식로 '몬주'가 입지해 있는 쓰루가 시. 시내의 호쿠리쿠 자동차 쓰루가 인터체인지 부근 언덕에는 온천리조트 시설인 '리라포트(Relaport)'가 세워져 있습니다. 시에서 2002년에 건설한 것입니다. '몬주'가 입지하면서 교부받은 리사이클 연구 개발 촉진 교부금 24억 3천만 엔이 건설비로 투입되었습니다. 총사업비 약 35억 엔의 약 70%에 해당하는 금액입니다.

하지만 오픈 이후 이 시설은 계속 적자를 기록하고 있습니다. 2008년도까지 누적된 적자는 어느새 7억 엔을 넘겨 시의 일반회계 이월금까지 투입되고 있습니다. 심지어 2009년도부터는 경영을 민간회사에 위탁, 시는 위탁받은 민간회사에 매년 약 6천만 엔의 관리비를 지불해야 합니다.

간사이전력의 오오이 원전이 입지해 있는 오오이초에는 해당 지자체와 현이 공동으로 조성한 복합레저시설인 '우민피아 오오이(うみんぴあ大飯)'가 있습니다. '우민피아 오오이'에는 호텔, 어린이가족관 등과 같은 레저시설이 입지해 있습니다. 이 시설을 지을 때는 원전 관련 교부금이 사용되었습니다.

'우민피아 오오이'는 국도 27호를 끼고 있어 교통편이 좋은데도 방문객이 거의 없습니다. 공터만 눈에 들어오는 약 22만㎡의 황량한 부지 한편에는 간사이전력의 홍보시설인 엘가이아 오오이(ELGAIA OHI)만 덩그러니 자리 잡고 있습니다. 여름 휴가철의 어느 날 찾아가 봤지만 방문객은 그림자도 보이지 않았습니다.

기업을 유치하겠다고 '아오토(靑戸) 포구'의 일부를 매립해 가며 토지까지 정비해 놓았건만 그 넓은 부지가 텅텅 비어 있는 것입니다.

해당 지자체는 학교 신축을 위한 자금까지 원전 머니로 충당했습니다.

산 중턱을 오르다 보면 돌연 모습을 나타내는 호텔 같은 외관의 초등학교가 있습니다. 바로 오오이초에서 세운 공립 사부리(佐分利) 초등학교입니다. 그 학교 홈페이지에는 "처음 본 사람은 '리조트호텔인가?'라고 생각하기도 한다"고 소개되어 있습니다. 이 학교가 지어질 당시 총사업비 약 19억 엔 가운데 70%가 전원 3법 교부금에서 조달되었습니다. 운동장의 넓이는 무려 1만 1827㎡나 됩니다. 호화로운 체육관의 현관 옆면에는 '원자력발전시설 등 입지지역 장기발전 대책교부금'이라고 쓰인 안내문이 붙어 있습니다.

지역축제와 샤미센 대회마저

정부·전력회사 등과 더불어 원자력발전을 추진해 온 대표적인 단체로 전사련(전기사업연합회)이 있습니다. 전사련은 도쿄전력을 비롯한 10개 전력회사들에 의해 만들어진 업계단체입니다.

"광고선전비는 과거 5개년 평균 약 20억 엔 정도." 2011년 7월 12일 중의원 동일본대지진 부흥 특별위원회에서 야기 마코토(八木誠) 전사련 회장(간사이전력 사장)이 했던 답변입니다. 그러나 "전사련이 움직이는 자금은 20억 엔 정도가 아니라 5천억 엔 이상"이라고 지적하는 관계자도 있습니다.

이 전사련이 전면에 나서서 원전을 추진하고 있는 지역이 아오모리(青森) 현입니다. 전사련은 츠가루(津軽) 샤미센 경연대회나 사과술 보급, 관광 지도 작성 등 현 내에서 이루어지는 민간·지자체의 다양한 행사와 사업에 개입하고 있습니다.

아오모리 시 산하의 한 기초단체에서 주민회장을 맡고 있는 다마쿠마 야스시(玉熊靖司) 씨(78세)는 2009년 자신이 관장을 맡고 있던 아동관 뒤편 나무 위에 오두막집을 지었습니다.

사진4. 고쇼가와라의 다치네부타에서도 특히 눈길을 끄는 22m의 다시와 후원금을 낸
무츠재단의 간판

"요즘 아이들은 몸을 쓰면서 놀 일이 별로 없잖아요. 그래서 아이들과 비밀기지를 만들어봤습니다."

　제작비용으로 소요된 230만 엔 중 190만 엔은 '무츠오가와라(むつ小川原)지역·산업진흥재단(무츠재단)'이 조성한 돈입니다.

　1989년 아오모리 현에 의해 설립된 무츠재단은 전사련의 기부금이 재원입니다. 설립 당시 조성된 기금 100억 엔 중 정확히 절반에 해당하는 50억 엔을 전사련이 내놓았습니다. 그리고 1994년에 다시 특별조치로 24억 7천만 엔을 기부했습니다. 특별조치는 애초에 1998년까지로 그 기간이 한정되어 있었지만 연장이 반복되었고, 그 결과 2012년에는 특별조치로 기부된 금액만 120억 엔에 달했습니다.

　"무츠재단의 지원 사업에 대해 다들 '편해서 좋다'고 호평합니다. 인건비나 채무상환만 아니라면 무엇에든 지원이 되거든요." 무츠재단 직원은 말합니다. 매년 8월 고쇼가와라(五所川原)시에서 개최되는 지역축제인 다치네부타(立佞武多)에도 무츠재단의 조성금이 사용됩니다. 다치네부타의 상징은 거대한 인형을 실은 수레인 다시(山車). 통상 15m, 최대 20m를 넘는 다시가 지역을 도는 모습은 그야말로 압권입니다.

2011년 축제에는 19대의 다시가 등장, 146만 명의 관광객이 몰려들었는데 그중에서도 유난히 거대한 22m 높이의 다시 3대에 붙어 있는 '핵연료 사이클 사업 추진 특별대책사업 / 무츠오가와라 지역·산업진흥재단' 간판(사진4)이 눈에 띕니다. 무츠재단이 4천만 엔이나 되는 조성금을 제작비로 내놓았던 것입니다.

아오모리 현청 관계자는 그저 "무츠재단의 지원 사업을 통해 (원전사업에 대한) 이해촉진이 이루어지고 있는 것 아니겠느냐"고 이야기할 뿐이었습니다.

공짜는 없다

    아오모리 현이 발행한 팸플릿 <풍요롭고 활력 있는 지역 만들기를 지향하며>의 내용을 보면 "핵연료 사이클 시설 입지를 계기로 전사련의 주선에 의해 현 내에 15개의 사업소장이 유치되어 조업 중이며, 이에 따라 약 870명의 지역 주민이 일자리를 갖게 되었다"고 되어 있습니다. 여기서 언급되는 15개사는 대부분 기계부품 관련 업체들입니다.

    전사련이 이처럼 아오모리 현을 '특별 취급'하는 이유는 바로 핵연료 사이클 시설을 받아들여 주었기 때문입니다. 핵연료 사이클이란 한 번 이용한 핵연료를 재처리해 플루토늄과 '쓰다 남은' 우라늄 등을 추출, 연료로써 '유효하게 이용'하는 것을 말합니다. 그리고 현재 롯카쇼무라(六ヶ所村)에 이를 위한 재처리공장과 관련 시설이 지어지고 있습니다. 핵연료 사이클이 제대로 이루어지지 않는다면 '유효하게 이용'해봤자 전국에 있는 원전에서 사용 후 핵연료 저장고가 가득 차 더 이상의 조업이 불가능하게 되어 버립니다. 결국 핵연료 사이클이 원전의 운명을 좌우하는 것입니다.

전사련은 1984년 아오모리 현에 핵연료 사이클 시설의 입지 협력을 요청했고 현은 이듬해 이 요청을 승낙했습니다. 아오모리 현은 히가시도리무라(東通村)와 오오마초(大間町)에 원자력발전소가, 그리고 무츠 시에는 사용 후 핵연료 중간저장시설이 있습니다.

이미 언급했던 것처럼 원전 등이 입지해 있는 지역과 주변 기초단체에는 전원 3법에 따라 교부금이 지급되며, 따라서 아오모리 현에서도 15개 기초단체가 원전 교부금을 받고 있습니다. 그러나 핵연료 사이클 시설에 대해서는 일찍이 그 입지지역이나 주변지역에서 뿐만 아니라 전국적으로 반대운동이 벌어졌습니다. 이 반대운동을 억제하기 위해 교부금을 받을 수 없는 지역에도 돈이 흘러갈 수 있도록 무츠재단이 설립된 것입니다.

츠가루 시는 2005년도에 시립 미즈호(瑞穂) 초등학교의 비품 정비 사업 경비를 신청했는데 교실 책걸상과 급식실 조리 기구 등을 새로 마련하는 데 필요한 3500만 엔의 조성금을 무츠재단으로부터 받았습니다. 그래서 이 학교에 가 보면 실제로 '이 학교의 비품은 원자력 연료 리사이클 사업추진 특별대책 사업으로 정비되었습니다'라는 안내문(사진5)이 붙어 있습니다.

この学校の備品は、原子燃料サイクル事業推進特別対策事業で整備されています。

사진5. 전사련의 자금으로 정비된 미즈호 초등학교 음악실과 교내의 벽면에 붙어 있는 안내문

재단이 주는 조성금은 지자체의 예산편성에 포함됩니다. 한 지자체 관계자는 "후쿠시마 원전 사고를 보면서 새삼 아오모리의 원자력 관련 시설에 공포를 느꼈다. 솔직히 큰 액수의 기부금을 생각해 보면 원전 탈피를 말하기가 주저된다"고 귀띔했습니다.

　하지만 최근 들어서는 거부가 어려운 교육과 지역진흥 등에 기부해 원전에 반대하는 이들의 입을 막아 버리는 전사련의 방식을 두고 주민들 사이에서 "정말 야비하다"는 비판적 여론이 고조되고 있습니다.

전원 3법으로 교부금 공세

정부와 재계, 그리고 산업계는 '돈뭉치'로 지자체를 원전추진에 가담하게 하는 구조를 만들어 냈습니다. 그것이 바로 앞에서도 언급했던 전원 3법에 근거한 교부금입니다.

도쿄도 미나토 구에 있는 25m 높이의 고층 빌딩 9층에는 원자력산업협회(원산협회)라는 것이 있습니다. 1956년 발족한 원산협회는 재계 대표자들이 대거 참여하는 가운데 시종일관 원전추진을 꾀해 왔습니다.

원산협회의 활동실적에 대해 담당자는 담담하게 이야기합니다. "(원산협회의 제언으로 실현된 대표적인 것들을 꼽아 보자면) 일단 전원 3법이 그랬습니다."

1974년에 조성된 전원 3법 교부금은 문자 그대로 원전이나 관련 시설이 입지해 있는 지역에 교부되는 돈입니다. 동일본대지진으로 심각한 사고를 일으킨 후쿠시마 원전(10기의 원자로가 있는)이 소재한 후쿠시마 현의 경우 2009년도까지 교부금 누적금액이 2717억 엔이었습니다. 15기의 원자로가 있는 후쿠이 현에는 2009년까지 모두 합쳐 3245억 엔이나 되는 금액이 교부되었습니다. 그리고 원전과 사용 후 핵연료 재처리 공장이 있는 아오모리 현은 2010년도까지의 교부금액이 무려 2143억 엔에 달합니다.

이런 전원 3법이 왜 제정되었던 것일까요?

'원자력발전의 안전성에 대한 불안·불신이 존재했다', '첨예화·조직화된 반대운동이 전개되었다' - 도쿄전력 사사 ≪관동(関東)의 전기사업과 도쿄전력: 전기사업의 창시로부터 도쿄전력 50년의 궤적≫은 당시 주민들 사이에 원전에 대한 불안이 확산되고 있었다고 지적합니다. 이와 같은 불안을 불식시키기 위해 전력회사와 산업계가 교부금을 통해 지자체를 무력화시키는 수법을 고안해 냈던 것입니다.

전원 3법이 성립되기 직전이던 1973년 일본원자력산업회의(지금의 원산협회)가 '<원자력 개발지역 정비 촉진법>(가칭) 제정에 대한 요망'을 발표했습니다. "원자력 개발에 관여하는 지자체 재정이 항구적으로 안정화되도록 합리적인 세제조치를 조속히 확립·실시해 달라"고 정부에 요구했던 것입니다.

　전력회사들로 구성된 전사련은 1974년 1월, 당시 통상산업상(通商産業相)이던 나카소네 야스히로(中曽根康弘) 씨에게 원전 관련 시설의 입지 촉진을 위한 요망서를 제출하는 한편 관련법제의 정비를 요청했습니다. 그리고 같은 해 6월 전원 3법이 제정되었습니다. 이에 대해 전사련이 편찬한 ≪전기사업연합회 35년의 경과≫는 다음과 같이 절찬하고 있습니다.

　"'(입지를) 받아들이기 쉽도록 도와주는 조치'가 강구된 결과 입지에 탄력이 붙게 되었다."

다나카 가쿠에이 총리 저택에서 사라진 5억 엔

　니가타(新潟) 현에서 일본열도 서해안의 사도가섬(佐渡島) 쪽으로 펼쳐져 있는 사구(砂丘)지역이 세계 최대급의 도쿄전력 카시와자키 카리와(柏崎刈羽) 원전(821만kW, 지도 참조)으로 변모하게 된 배경에 대해 현지에서는 줄곧 자민당에 관한 '검은 소문'이 사람들의 입에 오르내렸습니다.

그 '소문'이란 과거 니시야마마치(西山町)라 불렸던 카시와자키(柏崎) 시 출신의 다나카 가쿠에이 전 총리의 토지 전매 의혹을 말합니다. <신문 아카하타> 2001년 1월 15일 자는 다나카 씨의 후원회인 에츠잔카이(越山会) 간부였던 기무라 히로야스(木村博保) 씨(전 자민당 소속 현의원)의 증언을 토대로 이 의혹에 대해 보도했습니다. 원전 부지를 매각한 대가로 도쿄전력이 지불한 5억 엔이 도쿄 메지로(目白)의 다나카 저택으로 옮겨져 1972년 7월 자민당 총재 선거에 사용되었다는 사실이 밝혀진 것입니다.

카시와자키에 원전유치를 추진했던 인물로 다나카 씨가 자신의 저서인 ≪나의 이력서≫(니혼게이자이신문사, 1966)를 통해 '깊은 교분'이 있다고 인정했던 도쿄전력 고문 마츠네 무네카즈(松根宗一)라는 사람이 있습니다. 지역신문은 마츠네 씨가 1963년 당시 카시와자키 시장 고바야시 지스케(小林治助) 씨에게 원전 유치를 권유했다고 보도했습니다. 마츠네 씨는 일본원자력산업협회(당시)의 부회장과 일본경제단체연합회(경단련) 에너지대책위원장,

통상산업성(지금의 경제산업성) 종합 에너지 조사회 원자력 부회장을 역임하는 등 원전이익공동체에서 중심 역할을 하던 인물이었습니다.

다나카 씨는 나중에 원전 부지로 선정되는 약 52만㎡의 사구 지역을 1966년 9월 '무로마치(室町)산업' 명의로 구입했습니다. 하지만 그해 10월 일본공산당은 국회에서 다나카 씨의 시나노(信濃)강 하천부지 매점(買占)에 대해 의혹을 제기하고 '무로마치산업'이 유령회사라는 사실을 폭로했습니다. 이에 당황한 다나카 씨는 이듬해인 1967년 1월 '등기착오'라면서 무로마치산업의 명의를 말소, 해당 부동산의 명의를 기무라 씨로 변경하는 위장공작을 벌였습니다. 하지만 기무라 씨는 1971년 10월 도쿄전력에 부지가 매각될 당시에 토지 가격을 정했던 것도 자신이 아닌 다나카 씨 본인이었다고 증언했습니다.

다나카 씨는 연고지인 니가타에서의 강연에서 "(카시와자키, 마키) 두 군데에 원전이 세워지면 니가타는 거대 전력 공급지가 되어 세수가 넉넉해진다"고 부르짖었습니다. 실제로 인구 9만 명의 카시와자키 시에는 32년간 전원 3법 교부금으로만 1133억 엔이 투입되어 도서관, 박물관, 체육관, 그리고 스포츠시설 등이 차례로 들어섰습니다. 최근 지반 침하 때문에 문제가 되고 있는 사토가이케(佐藤池) 야구장도 이 당시 지어졌던 시설 중 하나입니다.

일본공산당 소속 모치다 시게요시(持田繁義) 시의원은 "전원 3법 교부금으로 원래 쓰레기하치장이었던 연못에 야구장을 짓는 바람에 조명시설도 만들지 못하고 외야(外野)까지 가라앉아 매년 500~800만 엔 규모의 돈을 들여 지반침하 대책을 마련해야 했다. (2007년에는) 주에쓰오키(中越沖) 지진 때문에 대규모 개수비용도 소요되었다"고 지적했습니다.

하지만 후쿠시마 원전 사고 영향으로 카시와자키 시내에서 개최되던 도쿄전력 주최의 이벤트도 중지되고 도쿄전력이 장밋빛 청사진을 제시하던 지역경제에는 서서히 그 여파가 미치고 있습니다. 실제로 2011년 8월 당시 원자로 7기 중 2기가 가동되고 있던 카시와자키 카리와 원전에 견학을 가 봤더니 원전 사고에 대비하기 위해 '네리마(練馬)', '하치오지(八王子)' 지역 번호판을 단전원차(power generating car) 12대가 대기 중이었습니다. 도쿄도 내 도쿄전력 영업소에서 긁어모은 차들입니다.

원전의 철탑이 뚜렷하게 보이는 카시와자키 시청의 시의회 대기실에서 모치다 시의원은 "원전을 유치한 결과 원전 머니로 지역시설을 짓는 것이 '지역사회를 위한 일'이라고 착각하는 사람들이 출현했습니다. 정작 원전은 돈으로 주민의 단결과 자치를 저해하고 있는데 말이지요"라고 말했습니다.

어느 정치인 부자(父子)

이시카와 현에서는 어느 정치인 부자가 원전 건설을 둘러싼 이권에 관여했다는 추문이 불거졌습니다.

하나는 호쿠리쿠(北陸)전력이 1967년 11월 시카초(志賀町)의 아카스미(赤住) 지구 등에 계획하고 주민들의 의견과 관계없이 건설을 강행했던 시카 원전(당시에는 노토 원전, 지도 참조) 소재지의 읍장에 대한 의혹입니다.

1972년 5월 이 지역 자민당 세력은 호쿠리쿠전력과 손잡고 원전에 대한 찬반여부를 가리는 아카스미 지구 주민투표에 개입, 개표를 저지하는 폭거를 저질렀습니다. 당시 개표가 이루어졌더라면 이 투표는 일본 최초로 주민들에 의해 치러진 원전 건설 찬반투표로 기록될 수 있었을 것입니다. 또한, 호쿠리쿠전력은 1973년 3월 원전부지 추가매입에 찬성하는 사람들에게 한 세대당 100만 엔(합계 수천만 엔)을 건네는 물량공세를 폈습니다.

이에 일본공산당, 사회당, 일본과학자회의, 이시카와 현 노조평의회, 그리고 주민조직 등은 '노토 원전 반대 각종 단체 연락회의'를 결성해 맞섰습니다. 일본공산당의 하라 토시미치(原俊道) 현의원이 원전 추가 매입 예정지에 대한 현청의 인가와 관련, 허위사실이 있음을 폭로하는 등 '노토 원전 반대 각종 단체 연락회의'의 원전 건설 저지투쟁은 1988년 원전의 착공이 이루어질 당시까지 계속되었습니다.

그러나 이미 1982년 무렵부터 원전추진파는 계획에 반대하던 사이카이(西海) 어업협동조합의 와해공작에 착수해 있었습니다. 이 공작을 중개했던 것이 바로 하라다니 케이고(原谷敬吾) 호쿠리쿠전력 회장(당시)의 중학교 동창이자 네아가리초(根上町, 지금의 노미 시) 읍장이었던 모리 시게키(森茂喜) 씨. 나중에 이시카와 현 지사 선거 출마설까지 나돌았던 인물로 자민당 모리 요시로(森喜朗) 총리의 아버지입니다.

'노토 원전 반대 각종 단체 연락회의' 대표를 지낸 이이다 캇페이(飯田克平) 전(前) 가나자와(金沢)대학 교수는 당시 원전추진파가 벌인 공작에 대해 다음과 같이 술회했습니다. "제국주의 일본에서 육군 장교로 복무했던 모리 사케키 씨는 군 시절의 상하관계를 이용해 새로 선임된 사이카이 어업협동조합장에 접근, '사이카이에 뼈를 묻겠다'는 말까지 하면서 현이 수행하던 '대리 해양조사'를 통과시켰다고 합니다."

'대리 해양조사'란, 말하자면 원전 건설을 전제로 한 환경영향평가입니다. 결국, 현의 해양조사결과는 호쿠리쿠전력에 전매(転

売)되었고 시카 원전 건설이 강행되었습니다.

다른 하나가 스즈(珠洲) 시 원전계획(2003년 중지)을 둘러싼 모리 요시로 전 총리 관련 의혹입니다. 1999년 10월 일본공산당 국회 의원단은 신문보도 등에 근거, 간사이전력이 비밀리에 종합건설 사를 통해 원전 건설 예정지 주변 토지(약 10만㎡)를 뒷거래로 취득했던 일에 대해 두 상자 분량의 자료를 모아 국회에서 추궁했습니다. 그 후 간사이전력과 시미즈(清水)건설이 야마구치구미(山口組) 계열 폭력조직으로부터 토지매수에 협력했던 대가로 약 30억 엔을 요구받았던 것이 발각되었습니다. 전 대장상(大蔵相, 지금의 재무상)의 사설 비서가 연루되었던 까닭에 '자금의 일부가 정계로 흘러들어간 것 아닌가'하는 의혹이 제기되었습니다.

모리 요시로 씨는 연고지인 이시카와에서 선출된 자민당 중의 원으로 호쿠리쿠전력의 하라다니 씨와의 연을 통해 전력업계와 깊이 교류했습니다. 그 결과 모리 씨는 1993년 6월 정부의 '종합에너지 대책 추진 각료회의'에 통산상(通産相)으로 출석, 스즈 원전계획을 '정부차원에서 지지해야 한다'고 역설하는 당사자가 되었습니다. 간사이전력에 의한 원전 건설 예정지 주변 토지 취득이 시작되었던 것은 바로 이 각료회의 직후부터였습니다.

모리 전 총리의 자금을 관리하는 단체인 춘풍회(春風会)는 당시 원전부지 취득에 관여한 시미즈건설, 사토(佐藤)공업, 그리고 가나자와 시의 건설회사 등으로부터 4년간 도합 384만 엔의 기부금을 받았습니다.

정치자금 '3대 명가'

철강 16억 2856만 엔, 금융 25억 7729만 엔, 전력 11억 4350만 엔.

자민당의 정치자금 모집 창구인 '국민협회'(오늘날 '국민정치협회'의 전신)가 1966년부터 1974년까지 긁어모은 업계별 기부금입니다.[6)]

증권업계의 5억 4000만 엔, 생명·손해보험업계의 8000만 엔 등과 비교할 때 압도적으로 많은 금액을 내놓고 있는 전력업계는 철강, 금융업계 등과 더불어 '정치자금 3대 명가'로 불려왔습니다.

재계의 '정치자금부장'이던 하나무라 니하치로(花村仁八郎) 경단련 사무총장은 자민당에 대한 재계 전체의 기부금 총액을 정하고 이것을 업계별로 할당하는 역할을 맡았다고 합니다. 그러면 각 업계는 매출액이나 제품점유율 등을 기준으로 다시 회원사들에게 금액을 할당했습니다. 도쿄전력은 전력업계 기부금 총액의 30%에 조금 못 미치는 액수를 담당했다고 합니다.

그렇다면 집권여당에 왜 이렇게 헌납을 하는 것일까요.

당시 재계단체의 간부였던 나가노 시게오(永野重雄) 일본상공회의소 회장은 다음과 같이 말했습니다.

"강의 제방이 무너지려고 할 때 인부들에게 노임을 주는 것이나 마찬가지다. 개중에는 토사(土砂)를 막는 작업에 참여하지 않는 촌장도 있지 않은가. 그럴 때는 돈을 내라고 부탁하는 거지. 요컨대, 우리의 이익을 대변해 줄 수 있는 정치세력에 협력하는 것. 이게 바로 기업이 자민당에 기부하는 이유 아닐까?" (≪유동≫, 1975년 8월호)

이들의 기부금에 정계, 즉 자민당은 '정책'으로 보답해 왔습니다.

마침 이 당시는 원전의 입지, 건설의 급격한 진행과 시기적으로 맞물리기도 했습니다. 전력업계의 요금 인상은 대부분의 경우 인가를 받아야만 합니다. 그런데 기부금 효과 때문이었을까요? 다나카 가쿠에이 내각 시절이던 1974년 6월, 9개 전력회사가 제출했던 평균 56.8%의 전력요금 인상안은 눈 깜짝할 사이에 통과되었습니다.

하지만 전력회사가 이렇게 뿌려 대는 기부금의 자원은 결국 국민이 낸 전기요금이었습니다. 따라서 전례 없는 금권선거와 특정 정당을 비호하는 공익기업의 정치 기부금에 대한 국민적 비판이 고조되었고, 끝내 전력회사는 기부금의 중지를 결정하게 됩니다.

그러나 이로써 모든 문제가 완전히 해결된 것은 아니었습니다. 1975년 이후 정치권과 줄이 닿는 임원을 통한 '개인 기부금'의 형태로 '사실상의 기업 기부금'이 원전을 가지고 있지 않은 오키나와(沖繩)전력을 제외한 나머지 9개 전력회사들에 의해 계속되고 있기 때문입니다.

최근 후쿠시마 제1원전 사고를 계기로 원자력손해배상지원기구법이 주민과 공동여당(자민당, 공명당) 등의 찬성으로 제정되었습니다. 하지만 이 역시 '국민부담'으로 도쿄전력의 대주주, 거대은

행 등을 구제하려는 조치에 불과합니다. 기부금의 '효과'는 바로 이런 데서 나타나는 것입니다.

'촉진' 비용은 국민부담

이렇게 정·재계, 산업계는 원전을 건설하기 위해 거액의 자금을 움직여 왔습니다. 그 자금이 '교부금'이라는 명목으로 사방에 퍼부어지면서 지자체는 그들의 꼭두각시가 되었고, 결국 부패하게 됩니다. 이 악순환 구조에서 자원으로써의 기능을 하는 전기요금은 '블랙 박스(black box)' 방식으로 책정됩니다.

가이에다 반리(海江田万里) 경제산업상(經濟産業相)은 2011년 8월 3일 중의원 경제산업위원회에서 일본공산당 요시이 히데카츠(吉井英勝) 의원의 질의에 대한 답변에서 전기요금 결정방식이 불투명하다는 사실을 인정했습니다. 전력회사가 설정하는 전기요금은 인건비·연료비 등에 일정 이윤을 더한 이른바 '총괄원가'에 근거해 정해집니다.

총괄원가에는 원전을 촉진하기 위한 비용이 포함됩니다. 그 비용 중 대표적인 것이 전원개발촉진세(電源開發促進稅)입니다. 전원개발촉진세는 1974년 전원 3법이 성립된 이후 그 법 중 하나인 전원개발촉진세법에 근거해 설정되었습니다.

전원개발촉진세의 대부분은 원전 입지 지자체에 대한 교부금과 원자력 연구개발비 등으로 사용됩니다. 이 세금은 전력회사가 정부에 납부하는 형태로 되어있지만, 실질적으로는 국민들이 전기요금을 통해 부담하고 있습니다. 예산 집행으로 금액이 확정된 결산내용을 살펴보니 2009년도에만 약 3300억 엔이나 되었습니다. 1974년부터 2009년까지의 합계를 내 보니 그 금액이 약 9조 엔이었습니다.

총괄원가방식의 근거인 전기사업법은 1965년 시행되었습니다. 하지만 이 구조는 태평양전쟁 이전부터 존재하고 있었습니다. 도쿄전력 사사 ≪관동의 전기사업과 도쿄전력: 전기사업의 창시로부터 도쿄전력 50년의 궤적≫(2002년)을 보면 '(1933년 7월 전기요금의 인가기준은) 원가주의를 채용해 감가상각비, 영업비, 전기사업자 이득의 합을 총괄원가액으로 규정한다'는 기술이 나옵니다. 비용에 이윤을 더한 총괄원가를 기준으로 전기요금이 결정되었던 것입니다.

태평양전쟁이 끝난 이후인 1951년 5월 1일, 전시에 국가 관리 아래 놓여 있던 전력회사가 민간회사로 설립되면서 9개 전력회사 체제가 정비되었습니다. 이때부터 안정적으로 전기를 공급한다는 명목 하에 전기요금 책정에 총괄원가방식이 적용되었고 9개 전력회사에 의한 지역에서의 독점적 전기 공급 사업 또한 인정되었습니다.

　임원을 통한 정치 기부금, 관료출신 낙하산 인사 수용, 광고비로 미디어 비판 봉쇄하기 등 그간 전력회사가 벌여온 공작은 실로 다양한 분야에 걸쳐 있습니다.

　이렇듯 총괄원가방식은 '전기사업의 건전한 발달을 도모한다'는 표면상의 의의와는 전혀 다르게 원전추진을 위해 이용되어 왔습니다.

원전철퇴 – 입지를 거부한 지자체(후쿠이 현 코하마 시)

방해를 물리치고 "와카사만(若狭湾)을 지켜라"

후쿠이 현 와카사 지방에서 동쪽으로는 미하마, 쓰루가, 몬주, 후겐(ふげん, 폐쇄 중), 서쪽으로는 오오이, 다카하마 등 수많은 원자력발전소에 둘러싸여 있는 코하마 시. 오오이 원전으로부터 반경 20km 권내에 시의 주민 대부분이 살고 있습니다.

풍요로운 와카사의 바다에 면해 있는 이 평화로운 땅에는 40년 넘게 원전 입지를 거부한 시민들의 투쟁이 살아 숨 쉬고 있습니다. 일본공산당 소속 미야자키 지우조(宮崎治宇藏) 시의원은 "원전 거부를 계속 할 수 있었던 것은 시민들과의 폭넓은 연대의 역사 때문이었습니다"라고 말했습니다. 미야자키 의원은 이 투쟁 속에서 일본공산당에 가입하게 된 사람 중 하나였습니다.

2011년 6월 9일. 4월에 있었던 전국 일제 지방선거에서 미야자키 의원이 재선된 이후 첫 번째로 등원한 시의회에서 전국적으로 주목받는 의견서 하나가 가결되었습니다. 다섯 가지 항목을 포함하고 있는 이 의견서는 모두(冒頭)에서 '기한을 정해 놓고 원자력발전으로부터 탈피'할 것을 강력히 주장하고 있었습니다.

야마모토 마스히로(山本益弘) 의원은 말했습니다. "도쿄전력 후쿠시마 제1원전 사고가 발생한 날부터 '원전은 안전하다'는 인식 자체가 뒤집어지고 시민들 사이에 불안이 확산되었다." 마스히로 의원은 시의회 소속 의원의 절반에 해당하는 9명의 의원을 추천한 보수파(시정개혁클럽) 회장이고 이 의견서의 제안자이기도 합니다. "원전이 입지한 지자체건 그에 인접해 있는 지자체건 사람 목숨에 차이란 있을 수 없다." 그는 의견서에 담겨 있는 자신의 생각을 말했습니다.

원래 이 지역 보수파 의원들은 원전 유치를 추진했었습니다. 그래서 야마모토 의원도 한때 사용 후 핵연료 중간저장시설 유치의 선두에 섰습니다. "제가 변했던 것은 아닙니다. 시민들의 시선이 그렇게 만들었지요." 햇볕에 그을린 그의 웃는 얼굴이 호쾌합니다.

의견서는 시의회에서 만장일치로 가결되었습니다. 여기서 멈추지 않고 의회 의결을 거쳐 약 1만 200세대의 주민들에게 의견서를 배포했습니다.

코하마 시는 이제껏 두 번에 걸쳐 원전 건설을 저지한 역사를 가지고 있습니다.

1968년 3월 30일의 일이었습니다. 일부 미디어가 '코하마 원자력 발전소 - 간사이전력이 협력을 요청'이라는 타이틀의 기사를 보도했습니다. 간사이전력이 코하마 시 다가라스(田烏) 지역에 4기의 발전소 설치를 계획하고 있다는 내용이었습니다.

이에 주민들이 들고일어났습니다. 이듬해인 1969년 원전계획에서 거론되던 지역의 우치도미(内外海) 어업협동조합이 총회를 통해 원전 설치 반대를 결의했습니다. 반대 이유로는 "물 맑은 와카사만과 우치도미 해안의 관광 이미지에 악영향을 준다"는 지적 외에도 "방사능 논란으로 수산물의 평가가 하락한다"는 의견 등이 나왔습니다. (≪코하마 시 의회사≫). 당시 어업협동조합이 염려

하던 '방사능 논란'은 그로부터 42년이 지난 지금 도쿄전력 후쿠시마 제1원전 사고를 통해 일본을 뒤흔들고 있습니다.

코하마 시의 역사를 기록한 ≪코하마시사(小浜市史)≫는 사태와 관련한 일본공산당의 대처에 대해서도 다루고 있었습니다.

"일본공산당 코하마 시 위원회는 시장에게 요청서를 보내는 등, 원전 유치 반대를 위해 움직이기 시작했다."

이렇듯 원전 건설 반대운동이 확산되던 가운데 1971년 12월 15일에는 노동조합과 평화단체, 종교인 등이 모여 '원전 설치에 반대하는 코하마 시민 모임'을 결성했습니다. '시민 모임'은 1972년과 1977년 약 2만 4000명에 달하는 전체 유권자 중 절반을 넘는 코하마 시민들로부터 서명을 받아 냈습니다. 그리고 정지 중이던 오오이 원전의 재가동을 반대하는 서명운동이 이루어진 1979년에도 다시 전체 유권자의 반수를 넘는 시민들의 뜻을 모아 냈습니다. "1회째 서명운동에는 꼬박 반년이 걸렸습니다. 그러던 것이 2회째가 되니 한 달 만에 서명이 모이더군요. 3회째에는 2주

정도밖에 걸리지 않았습니다. 당파를 넘어선 운동의 축적된 결과였습니다." '시민 모임'에 참가하고 있는 미요우츠지(明通寺) 주지 나카지마 테츠엔 씨(69세)의 술회입니다.

물론 시민운동에 대한 원전추진파의 격렬한 반발도 있었습니다. 나가시마 씨도 한때 미행이나 도청을 당했다고 합니다. 경찰조차 원전 반대운동을 방해했습니다. 심지어 어느 날 밤에는 "밤길 조심하라"는 협박 전화가 걸려오기도 했습니다.

그러나 결국 방해는 사라지고 역사는 진보했습니다. 주민운동이 나날이 고조되는 가운데 1972년과 1976년 당시 시장이 원전 건설에 대해 거부 의사를 표명했던 것입니다.

'먹거리'를 테마로 한 마을 만들기

2004년이 되자 사용 후 핵연료의 중간저장시설 유치 문제가 떠올랐습니다.

당시 시장을 지낸 무라카미 토시오(村上利夫) 씨(79세)가 조용히 말을 이었습니다.

"중간저장시설의 유치표명을 요청하면서 시장실로 어떤 인물이 찾아왔습니다. '유치 의사만 표명해 주면 매년 5억 엔이 들어온다'는 겁니다. 어차피 그런 돈으로 마을 만들기를 해봤자 시민들은 행복해지지 않습니다. 한 사람 한 사람 열심히 노력한 결과를 통해서만 풍요로운 마을 만들기를 할 수 있는 거지요."

그해 7월 치러진 시장선거에는 심지어 중간저장시설 추진을 공약으로 내건 후보가 출마했습니다. 무라카미 후보는 선거기간 중 공약 마지막 부분에 중간처리시설을 유치하지 않겠다는 내용을 명시했고, 그 결과 상대후보를 3643표차로 누르며 당선되었습니다.

　선거에는 당선되었지만, 무라카미 씨에게는 원전개발 교부금에 의지하지 않고 어떻게 시민생활을 지탱해 갈 것인지가 최대의 시정 과제로 남았습니다. 이에 무라카미 씨는 재임 당시 '코하마 시 먹거리의 마을 만들기 조례(2001년)'를 제정했습니다. 그리고 지금까지 코하마 시에서는 '먹거리'를 테마로 한 마을 만들기가 한창입니다.

　"바다와 산을 소중히 하는 마음은 먹거리의 근본입니다. 먹거리도 에너지도 지역에서 생산하고 지역에서 소비하는 것이 앞으로 일본이 걸어가야 할 방향 아닐까요?" 무라카미 씨의 발언에는 와카사만을 방사능에 오염된 바다로 만들어서는 안 되겠다는 굳은 결의가 담겨 있습니다.

제2장

미국의 전략과 일본 -
'평화적 이용'이라는 속임수

아르곤국립연구소(ANL)가 키운 원전 전문가

"여러분은 원자력의 평화적 이용에 앞장서는 자유세계의 대표자들입니다."

1955년 3월 10일 오전 백악관. 아이젠하워(Dwight Eisenhower) 대통령은 짧은 연설을 마치고 세계 19개국에서 온 젊은 연구ㆍ기술자들과 악수를 나누었습니다. 이 31명의 사람들 가운데에는 당시 30세이던 이하라 요시노리(伊原義德, 나중에 과학기술 사무차관이 됨) 씨와 31세이던 오오야마 아키라(大山彰, 이후에 도쿄대학 교수이자 원자력위원회 위원장 대리로 활동, 별세) 씨가 포함되어 있었습니다. "우리는 미국의 세계전략 한가운데에 있다." 보도 카메라의 눈부신 플래시 세례를 받으며 이하라 씨는 우쭐한 기분을 억누르지 못했습니다.

미국은 1953년 12월 UN총회에서 제창한 '평화를 위한 원자력(Atoms for Peace)' 정책에 따라 실험용 원자로에 쓰이는 농축우라늄 100킬로그램과 원자력 기술을 동맹ㆍ우호국에 제공하겠다고 천명했습니다. 이에 따라 줄곧 핵무기 개발에 매진해 왔던 아르곤국립연구소(일리노이 주, 사진6) 내에 '원자력 과학·기술학교'가 개설되었습니다. 이하라, 오오야마 씨도 일본정부의 국비유학생으로 이곳에 파견되었습니다.

사진6. 아르곤국립연구소(미국 일리노이 주, 미국 에너지성 홈페이지에서 발췌)

원자로 설비비 2억 3500만 엔, 관련 경비까지 포함하면 3억 엔. 1954년 3월 당시 개진당(改進党) 소속이던 나카소네 야스히로 중의원(이후에 일본의 71대 총리가 됨) 등의 동의에 따라 일본 최초의 원자력 예산이 가결됩니다. 이튿날 아침 이하라 씨는 당시 근무 중이던 통상산업성 공업기술원에 출근하자마자 상사에게 불려 가 예산 집행을 지시받습니다. 그는 연구 조성비를 국내 기업과 일본학술진흥회 등에 보조금 명목으로 나눠 주고 '연구용 원자로 설계 연구회'를 창립, 사무국장에 취임했습니다.

바로 이 이하라 씨 등이 유학생으로 도미(渡美)하게 되었던 것입니다. 이하라 씨는 아르곤국립연구소에서 실험용 원자로의 설계·건설·운전 등은 물론 동력로(원자력발전)의 기본 구조에 대해서도 배웠습니다.

당시 미국의 기술은 동력로의 실용화에 성공했던 영국, 소련 등에 뒤처져 있었습니다. 그럼에도 불구하고 미국은 아직 개발 단계인 동력로의 구조를 가르치고, 미국의 주요 군수업체인 제너

럴일렉트릭(GE)이 개발한 비등수형(沸騰水型) 경수로(BWR)[7]를 견학시키는 등 파견되어 온 사람들에게 미국제 원전의 '우위성'을 각인시켰습니다.

아르곤국립연구소의 유학생 유치는 그 이후에도 10년 가까이 계속되어 일본에서만 약 50명이 참가했습니다. 이 인원 중에는 원자력의 행정적 추진을 위해 1956년 설립된 과학기술청과 일본원자력연구소(지금의 일본원자력연구개발기구)의 직원은 물론 도쿄대 교원, 그리고 미쓰비시 등과 같은 원자로 메이커의 사원들까지 포함되어 있었습니다.

"우리는 출신의 장벽을 뛰어넘어 일본의 원전 전문가라는 자부심을 가지고 있었다"고 이토 씨는 말했습니다.

이토 씨는 과학기술청에서 원전 입지를 추진했고, 오오야마 씨는 1961년 도쿄대 공학부에 일본 최초로 원자력공학과가 설립되자 당시로써는 파격적으로 38세의 나이에 정교수가 되었습니다.

미국에서 육성된 '원전 전문가'들이 세계 3위 원전대국(原電大國) 일본의 뼈대를 만든 것입니다.

　일본 원전은 아이젠하워 정권이 추진하던 세계지배 전략 속에서 태어났습니다. 이 장에서는 그 목적과 일본의 의도에 대해 살펴보도록 하겠습니다.

'군사적 이용'을 은폐한 대통령 연설

"미국은 원자력을 인류멸망을 위해서가 아니라 인류의 생명을 위해 쓰는 길을 전심전력으로 찾아낼 것을 맹세한다." 1953년 12월 8일 아이젠하워 대통령이 연설을 끝내고 자리에 앉는 순간, UN총회가 진행되던 회의장에 박수 소리가 가득했다고 미국 원자력위원회(AEC)의 스트라우스(Lewis Strauss) 위원장은 회상했습니다.

히로시마와 나가사키에 원폭이 투하된 이후 세계는 군비경쟁 시대로 돌입하게 되었습니다. 그리고 인류를 멸망으로 치닫게 하는 미소(美蘇) 간 핵개발경쟁에 대해 국제사회의 우려 또한 확산되었습니다.

이에 부응해 소련에 대해 도덕적인 '우위성'을 확보하려는 의도에 따라 나오게 되었던 것이 바로 아이젠하워 대통령의 '평화를 위한 원자력' 연설이었습니다. (사진7)

사진7. UN총회에서 '평화를 위한 원자력' 연설을 하고 있는 아이젠하워 대통령
1953년 12월 8일(아이젠하워 대통령 도서관 소장)

아이젠하워는 이 연설을 통해 핵 관리를 위한 국제원자력기구(IAEA) 창립을 제창하고, 소련의 참가를 권유하는 동시에 "단순한 군사용 핵물질의 축소·폐기를 넘어서는 차원의 패러다임을 호소한다"면서 '원자력의 평화적 이용'을 언급했던 것입니다.

미국은 농축우라늄이나 특정한 핵기술·정보 등을 '평화적 목적'을 위해 다른 나라들에게 제공하기로 결정하고 세계 37개국과 원자력 협정을 체결하게 됩니다. 일본도 그 중 하나였습니다. 당시 일본은 미국으로부터 6킬로그램의 농축우라늄을 제공받아 원전대국을 향한 여정의 첫발을 내딛었습니다.

하지만 그 실태는 어땠을까요?

원래 아이젠하워 정권은 핵무기에 대한 의존도가 상당히 높았습니다. 1953년 10월 30일 결정된 국가안전보장위원회(NSC) 극비문서(NSC162/2)는 이를 단적으로 시사하고 있습니다.

그 내용은 바로 소련과의 전면적인 핵전쟁을 상정하고, 공격받은 규모를 크게 뛰어넘는 핵 보복능력을 확보, 핵무기를 '탄약과 같이 일반적으로 사용되는 무기로 간주한다'는 이른바 '대량 보복전략'에 관한 것이었습니다.

UN총회 연설 이후에도 이 전략은 착실히 실행되었습니다. 미국의 핵탄두는 1953년 1000발에서 1961년에는 2만 6700발로 늘어났습니다. 1960년에는 그 폭발력이 미국 역사상 최대 규모인 2만 500메가톤(히로시마 원폭의 140만 배)에 이르게 되었습니다.

이처럼 원자력의 '평화적 이용'을 사실상의 면죄부로 삼아 공공연한 핵군비 확장을 진행하는 기만적 태도에 대해 미국정부 내부에서조차 비판의 목소리가 고조되었습니다.

덜레스(John Foster Dulles) 국무장관 재임 당시 원자력문제 특별보좌관을 지낸 제럴드 스미스(Gerald Smith) 씨는 1990년에 남긴 구술 기록(oral history)에서 다음과 같이 말했습니다.

"대통령은 연설에 대해 스트라우스 원자력 위원장 외에 누구와도 상담하지 않았다. (원자력 위원인) 헨리 스미스(Henry DeWolf Smyth)는 (대통령의) 연설이 정직하지 못하다고 말했다. 원자력의

군사적 이용과 평화적 이용을 어떻게 분리할 것이냐는 의문에 아
무 대답도 하지 않았다는 것이다."

플루토늄의 지배

아이젠하워 집권 당시 미국에서는 핵군비의 급격한 확장이 이루어졌습니다. 한참 핵군비가 절정일 때는 하루에 28개의 핵무기가 생산되기도 했습니다.

핵무기의 대량생산이 가능했던 이유는 바로 핵연료인 우라늄의 획득과 그 우라늄이 연소되고 난 후 발생하는 핵무기의 원료, 즉 플루토늄의 독점적 관리가 가능했기 때문이었습니다.

1954년 8월 13일 결정된 NSC 전략문서(NSC5431/1)는 벨기에와의 원자력협정을 특히 중요시하고 있습니다.

AEC의 스트라우스 위원장은 이 협정이 '벨기에 령(領) 콩고(당시)로부터 핵분열성 물질(우라늄)을 획득하기 위한' 것으로, 이와 관련해 "벨기에로부터 동력로 건설을 하청받았다"고 언급하면서 다음과 같이 말을 이어갔습니다. "미국이 '평화를 위한 원자력' 정책의 일환으로써 다른 나라들에 제공을 표명했던 우라늄(100킬로그램)은 '대수롭지 않은 양'이다." (같은 날짜의 NSC의사록).

요컨대 다른 나라에 '평화적 목적'으로 핵물질이나 원전기술을 제공한 대가로 목적에 대한 구분(군사적·비군사적) 없이 사용가능한 방대한 양의 핵물질을 획득하는 것이 "1953년 12월 8일의 대통령 연설(평화를 위한 원자력)이 가지고 있는 두 가지의 중요한 목적 중 한 가지"(스트라우스 위원장)였다는 것입니다.

다른 한 가지 목적은 무엇이었을까요. 그것은 "외국에 제공한 핵물질의 회복 및 재획득"(스트라우스 위원장)이었습니다.

"재처리로 인해 발생한 부산물 -플루토늄은 군사적으로 중요하다. 그러므로 미국이 재처리를 통해 플루토늄을 획득하기 위해서는 그것의 반환을 규정해야 한다."

다른 나라는 플루토늄을 군사적으로 전용하지 못하게 하면서 정작 미국은 플루토늄을 자유롭게 사용하는 것입니다. 실제로 미국이 상정하고 있는 핵연료 사이클에서는 원자력발전과 핵무기 개발이 일체화되어 있습니다. (사진8) 이에 따라 "핵물질 생산 비용이 줄어들었다"(AEC)고 합니다. 핵의 지배, 이것이야말로 '평화를 위한 원자력' 정책의 목적이 아니었던가 하는 의구심을 떨칠

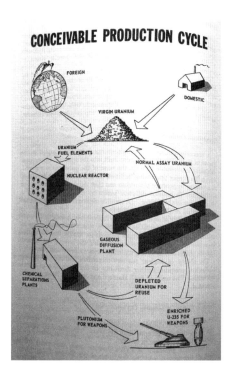

사진8. 미국이 상정하는 핵연료 사이클. 발전과 무기 개발이 같은 사이클 안에서 이루어진다.
(AEC가 1954년 작성한 팸플릿에서 발췌)

수가 없습니다.

　이 방침에 근거해 1954년 제정된 미국의 원자력법은 전력회사의 원전분야 진입을 위한 조건으로 정부가 핵물질 관리를 규정한다는 조항을 걸었습니다.

일본을 포함한 외국과의 협정에서도 연소된 우라늄으로부터 플루토늄을 분리해 내는 재처리에 대해 엄격한 제한을 두었습니다.

또한, 수출한 우라늄은 '국가안보' 상의 이유에 따라 미국이 언제라도 돌려받을 수 있도록 했으며, 이와 같은 제도적 장치는 현행 미일원자력협정에서도 변함없이 유지되고 있습니다.

'평화'를 표방하며 군사력 강화

'세계에 대한 미국의 지도성 강화' - 1955년 3월 12일에 결정된 NSC 전략문서(NSC5507/2)에서 강조된 '평화를 위한 원자력' 정책의 목적입니다.

당시 동력로를 실용화함으로써 미국보다 앞선 기술을 가지고 있던 소련은 제3세계 국가들에 소규모 원자로를 공여한다는 계획을 세웠습니다. 이에 대해 전략문서는 "원자력발전에 있어서의 미국의 지도성을 통해 자유세계의 단결을 촉진하고, (미국의) 손길이 닿지 않는 이들이 소련에 충성을 맹세하는 일을 방지한다"는 범세계적 원전수출정책을 내놓았습니다.

심지어 1955년 1월 28일에 나온 이 문서 초안에는 다음과 같은 내용까지 기술되어 있었습니다.

'원자력의 평화적 이용'은 미국 핵무기에 대한 신뢰를 가져옴으로써 ① 해외로부터의 지속적인 우라늄 공급 ② '해외기지의 확보' 등으로 이어진다는 것입니다. 이는 당연히 주일미군 기지를 상정한 이야기입니다. 논리 전개가 대단히 비약적일뿐더러,

'평화'를 표방하며 군사력을 강화했던 아이젠하워 정권의 기만적 태도를 여실히 느낄 수 있습니다.

사진9. 민간기업의 진입을 인정한 개정 원자력법에 서명하는 아이젠하워 대통령
　　　(앞줄 왼쪽에서 두 번째) 1954년 8월 30일 (아이젠하워 대통령 도서관 소장)

"미국은 민간 기업에 의한 해외에서의 동력로 설치 움직임을 가속화시켜야 한다." NSC 전략문서는 이와 같이 지적하면서 민간 기업의 역할을 강조했습니다.

미국정부는 당초 원자력의 민간전용(民間專用)에 대해 부정적이었습니다. 하지만 폭발적인 에너지를 발생시키는 원자력은 미국 전력업계의 입장에서 볼 때 대단히 매력적이었습니다.

당시 전력회사의 홍보자료에 따르면 그들이 원전분야에 진입하는 첫 번째 이유는 바로 '미국의 외교정책에 대한 공헌'이었습니다. 원자력의 '평화적 이용'을 통해 '세계적 지도성'을 확보하려 했던 아이젠하워 정권에 호응해서 미국이 '세계최강의 국가'가 되는 데에 기여하겠다는 것입니다.

이와 같은 미국 전력업계의 의도는 원자력 잠수함의 개발을 추진하던 제네럴 다이나믹스(General Dynamics)사의 홉킨스(John J. Hopkins) 회장이 유럽부흥계획을 본떠 1954년 12월 정리했던 '원자력 판 마셜플랜(Marshall plan)'을 통해 집대성되었습니다.

그러나 당시 미국 원전은 아직 채산(採算)이 진행되지 않은 상태였습니다.

이 부분에 대해 NSC5507/2는 다음과 같이 지적하고 있습니다. "미국이 아직 경제적 메리트를 가진 원자력발전을 완성한 단계는 아니지만 … 소규모 원자로를 해외에 건설할 능력은 가지고 있다. 외국은 바로 이 부분에 매력을 느끼고 있을 것이다. 왜냐하면 보다 적은 투자액으로도 원자로 도입이 가능하기 때문이다."

우선은 소규모 원자로를 판매한 이후에 대규모 원전 개발이 본 궤도에 오르는 단계에서 다음 스텝을 밟아 나간다는 것입니다. 실제로 일본은 1957년 우선 미국제 실험용 원자로 JRR-1을 수입했고, 1970년대 이후 다시 미국제 경수로를 수입했습니다. 미국이 짜 놓은 시나리오대로였습니다.

앞서 언급된 NSC 문서는 일본에 대해 "전력이 부족하고 발전(發電) 비용이 높은 나라"라고 했지만, "미국보다도 빨리 동력로를 설치했던, 경제적으로 매력적인 장소"라며 주목했습니다. 하지만 일본에 원전이 도입된 데에는 보다 특별한 이유가 있었습니다.

차관보의 메모 '일본과 핵실험'

"일본에서의 원자로 건설을 검토해 주기 바란다."

1954년 3월 22일 NSC 산하에 설치된 운용조정위원회(OCB)에 국방성 어스킨(Graves B. Erskine) 차관보로부터 '일본과 핵실험'이라는 제목의 메모 한 장이 제출되었습니다. 미국정부 내에서 일본에서의 원전 건설이 의제로 떠오른 것은 이 일이 최초였습니다.

이 메모는 그 작성 이유에 대해 다음과 같이 기록하고 있습니다. "원자력의 비군사적 사용에 대한 공세는 러시아의 정치선동에 대한 대항조치로써 시의적절하고도 유효하다. 더불어 일본에서의 손해를 최소한으로 억제할 수 있다."

여기서 말하는 '일본에서의 손해'란 무엇일까요?

그것은 같은 달 1일 새벽, 태평양 중부 비키니 환초(Bikini atoll)에서 일어난 수소폭탄 실험(Operation Castle)으로 참치잡이 어선 제5후쿠류마루(第五福竜丸)를 비롯한 많은 어선들과 마셜제도(Marshall Islands)의 주민들이 피폭되었던 사건을 말합니다.

관계 당국은 주변의 시선을 두려워하며 남몰래 제5후쿠류마루의 승조원들을 치료했지만, 결국 이 사건은 <요미우리(読売)신문>의 보도(1954년 3월 16일 자)로 공론화되었습니다.

그렇다면 왜 이 문제와 관련해 미국 국방성이 움직였던 것일까요? 그것은 미국이 자신들의 '평화를 위한 원자력' 정책을 기만 술책이라고 공격하던 소련과 더불어 당시까지 계속해 왔던 수소폭탄 실험의 영향이 밖으로 불거지는 것을 두려워했기 때문이었습니다.

'비키니 사건'에 대해 국제적인 비난 여론이 거세짐에 따라 덜레스 국무장관은 일단 핵실험 중지 의사를 밝혔습니다. 하지만 통합참모본부는 1954년 4월 반대를 표명합니다.

결국, 미군은 핵실험을 계속하기 위해 '(핵의) 평화적 이용'의 상징으로 일본에서의 원전 건설을 제안했던 것입니다.

수소폭탄 실험은 비키니 사건 이후에도 계속되어 미군은 1954년 3월 27일부터 6월 20일까지 총 5회의 실험을 강행했습니다.

OCB는 3월 24일 어스킨의 제안에 대응하는 태스크 포스(task force)를 설치했습니다. 이 태스크 포스의 30일 자 메모는 "(비키니) 사건이 1953년 12월 8일 있었던 대통령 연설('원자력의 평화적 이용')의 이행을 필요로 하고 있다"고 지적했습니다. 4월 28일 자 메모는 미국 정보문화국(USIA)이 개최하는 원자력의 평화적 이용에 관한 전시회와 일본 과학기술자와의 접촉 등을 제안하고 있습니다. 이 메모의 내용은 앞서 언급한 일본으로부터의 유학생 유치와 일본 미디어가 적극적으로 참여한 원자력박람회 등으로 구체화되었습니다.

1955년 1월 4일 미일 양국 정부는 비키니 사건의 보상에 대해 공문을 교환했습니다. 주일미국대사관이 실험용 원자로 건설과 일본 유학생 유치 등이 포함된 대일 원자력원조에 관한 8개 항목의 구상서(口上書)를 제출한 것은 그로부터 일주일 후의 일이었습니다.

미국의 '배후 조종' – 우려의 목소리

　미국이 구상서를 통해 일본 정부에 실험용 원자로 건설 원조에 대한 의사를 밝혔던 1955년 1월, 사와다 렌조(沢田廉三) 주 뉴욕 UN대사는 시게미츠 마모루(重光葵) 외상(外相)에게 공무상으로 발신한 20일 자 전보에서 어떤 '충고'를 했습니다.

　그 충고란 UN 사무총장의 원자력 문제 특별 고문을 맡았던 랜더스(Gunnar Randers) 씨가 UN 주재 일본대표부와 진행한 간담회에서 나온 이야기였습니다.

　"일본도 원자력 문제에 관해 미국만 추종할 게 아니라, 보다 넓은 세계를 상대로 지혜를 구해 독자적 입장의 한계를 뛰어넘기를 희망한다."

　또한, 랜더스 씨는 "(미국이나 소련의) 원자력에 있어서의 비밀주의는 필연적으로 전쟁의 가능성으로 이어진다"고 비판하면서 "기술면에서의 실력을 포기하면서 (미국으로부터) 원자로를 수입하는 것은 어리석은 일이다. 부단히 실력을 양성하기 바란다"고도 말했습니다.

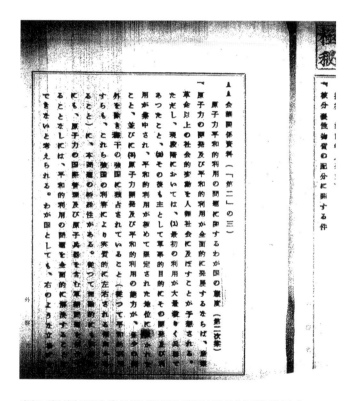

▲▲ 会議関係資料（「第二」の三）

原子力平和的利用の問題に即するわが国の態度（第二次案）

一　原子力の開発及び平和的利用が全面的に発展するならば、産業革命以上の社会的変動を人類社会に及ぼすことが予想される。

ただし、現段階においては、(1)最初の利用が大量養かく兵器にあつたこと、(2)その後も主として軍事的目的にその開発利用が集中され、平和的利用が極めて限定された地位に置かれたこと、並びに(3)原子力開発及び平和的利用の態力が、極少の強国に独占されていること（従つて平和的利用を幾分か強国の利害により実質的に左右される外を幾分か強国の利害により実質的に左右されるところ）にも、本問題の特殊性がある。従つて理論的に考えると、原子力の国際資源及び原子兵器を含む軍事問題となるとにには、平和的利用の問題を全面的に解決することができないと考えられる。わが国としても、右のような立場で

사진10. 외무성이 1955년 4월 작성한 '원자력의 평화적 이용 문제에 관한 일본의 태도 – 제2차 안'

이에 사와다 대사는 시게미츠 외상에게 보낸 전보에 '(일본의) 원자력공업화 추진'을 주장하면서 "오늘날 일본의 현실을 볼 때, 원자력 문제는 UN을 중심으로 하는 평화적 이용의 가이드라인을 따라 일본 입장에서 추진되어야 한다"는 자신의 진언(進言)을 덧붙였습니다.

여기서 '오늘날 일본의 현실'이란 그로부터 1년 전인 1954년 3월에 일어난 제5후쿠류마루 사건으로 원자·수소폭탄에 대한 금지여론 및 사회운동 등이 한껏 고조되어 있던 상황을 가리키는 것이었습니다.

결국, 외무성은 같은 해 4월 '원자력의 평화적 이용 문제에 관한 일본의 태도-제2차 안'(사진10)을 작성하게 됩니다.

'극비'로 취급되었던 이 문서는, 원자력 문제가 갖는 특수성으로써 ① 최초로 이용된 것이 대량살상무기 분야였다, ② 그 이후에도 개발·이용이 군사목적에 집중되었으며, 평화적 이용은 지극히 한정되어 있었다, ③ 그 평화적 이용조차 개발능력을 독점하고 있는 일부 강대국의 이해에 좌우되는 경향이 있다 - 등을 지적하면서 "원자력의 국제관리 및 핵무기를 포함한 군축문제 해결 없이 평화적 이용 문제를 전면적으로 해결하는 일은 불가능하다"고 분석했습니다.

또한, 이 문서는 "(원자력의) 개발이용을 위해 우선 선진제국(先進諸国)의 원조가 필요하다"면서 "두 나라 사이의 협정 등으로 우리나라가 일정한 의무를 부담하는 경우"는 "종종 곤란한 문제를 낳을 우려가 있다"고 지적했습니다. 또한, 이 문서는 그렇기 때문에 "우리나라 원자력에 대해 근본 정책을 수립하고 국내 체제를 정비하기에 앞서 진중한 고려가 필요하다"는 결론을 내리고 있었습니다.

이상의 내용들은 당초 정부 내부에서도 대미종속적으로 이루어지는 원자력 개발·이용에 강한 우려가 있었다는 사실을 보여줍니다.

하지만 그럼에도 불구하고 그해 1월 미국이 실험용 원자로 연료인 농축우라늄을 제공하고, 이에 관한 협정 체결을 제의했던 사실은 국민들에게 전혀 공개되지 않았습니다.

재계가 결속해서 이견(異見)을 무마

'원자로용 농축 우라늄, 미국이 배분 의사를 표명'

1955년 4월 14일자 <아사히(朝日)신문>(조간)은 같은 해 1월, 미국정부가 일본정부에 농축우라늄 제공 의사를 표명했었다는 사실을 1면 톱으로 보도했습니다. 그간 일본정부가 숨겨왔던 미국정부의 구상서 내용이 만천하에 드러난 것이었습니다.

사실 외무성은 3월에 미국 측으로부터 의사표명이 있었다는 것을 일단 공표하기로 결정하고 미국대사관에 양해를 구했었습니다. 이에 대사관 측은 "일부 학계의 반대, 또는 원자력 문제에 민감한 일반 여론에 쓸데없는 자극을 주는 것을 피하기 위해 본건의 발표는 신중을 요한다"면서 본국 정부에 의사를 타진(국제협력국 제3과 작성, 3월 18일 자 문서)한 결과, 미국으로부터 "별다른 이의가 없다"는 회답을 받았습니다.

하지만 외무성은 최종적으로 "지극히 신중을 기하고 싶다는 미국의 의향을 읽었다"면서 발표를 재검토하기로 결정합니다. (시게미츠 마모루 외상이 이구치 사다오 주미대사에게 보낸 3월 30일 자 전보) 미

사진11. 미국 정부가 일본 정부에 농축우라늄 제공 의사를 표명했었다는 사실을 1면 톱으로 보도한 〈아사히신문〉. 1955년 4월 14일 자

국의 진의를 헤아려 극비 취급을 계속했던 것입니다.

　미국 측이 농축우라늄 제공 의사를 표명했다는 것이 밝혀지자 내각의 자문기구이던 원자력 이용 준비 조사회도 농축우라늄 도입에 관한 논의를 시작했습니다. 1955년 5월 16일 이 조사회의 종합부회(総合部会)에서 나온 발언들을 소개하면 다음과 같습니다.

도모나가 신이치로(朝永振一郎) 도쿄교육대학 교수 : 농축우라늄 원자로와 (일본이 계획하고 있는) 천연우라늄 중수형 원자로(중수로, heavy-water reactor)를 병행해 만들 것인지의 여부도, 또 그 원자로를 누가 어디서 도입할 것이냐 하는 문제에 대해서도 아직 무엇 하나 결정된 것이 없다. 모든 것이 불확실한 상태에서 무턱대고 도입부터 강행하는 것은 장래를 그르치는 일이 될 뿐이다.

구라타 치카라(倉田主税) 히다치제작소(日立製作所) 사장 : 농축우라늄 도입은 조속히 그 실현을 도모해야 한다.

쿠루시마 히데자부로(久留島秀三郎) 도와(同和)광업 사장 : 하루빨리 도입해야 한다.

일본 재계는 미국 재계의 원전수출 계획인 '원자력 마셜플랜'이 1954년 12월에 발표된 이래 줄곧 깊은 관심을 표명해 왔습니다. 그리고 미국 측의 구상서가 공론화되자 '원자력 평화이용 간담회'(1955년 4월 28일 설립)에 이시카와 이치로(石川一郎) 경단련 회장과 재계 수뇌부가 모여드는 등 미국의 지원 하에 원전을 도입하려는 움직임도 대번에 강해졌습니다.

조사회는 '소수 의견'이라며 도모나가 씨(나중에 노벨물리학상 수상)의 주장을 무시했고, 정부는 5월 20일 미국과 협정체결 교섭을 신속히 개시하기로 결정했습니다. 급기야 6월에는 '미일원자력 연구협정'이 가조인(仮調印)되기에 이릅니다. (11월 정식 조인)

당시 재계를 총결집시켰던 인물이 바로 니혼TV 사장이자 요미우리신문사 사주였던 쇼리키 마츠타로(正力松太郎) 씨였습니다.

사상 초유의 심리작전

"원자력 개발과 관련된 어떤 조직도 없었던 일본에서 1955년 이후 원자력 계획이 세계적으로 그 유례를 찾아볼 수 없을 만큼 빠른 속도로 조직되어 갔다."

AEC가 작성한 '평화를 위한 원자력' 정책의 1957년판 보고서에 나오는 한 구절입니다.

미국은 세계로부터 유학생을 유치, 자신들의 핵·원자력 정책의 '이해자'로 육성하는 한편, 신문이나 라디오 등을 통한 선전을 중시했습니다. 정보문화국이 내놓은 11월 4일 자 보고서에 따르면, 미국은 1954년 10월부터 1955년 9월까지 일본 라디오에 총 1만 8000시간 분량의 관련 방송 프로그램을 제공했습니다.

그 가운데에서 '급속한 조직'의 형태를 구성하는 전기로 작용한 것이 바로 USIS(USIA의 해외기관)와 <요미우리신문> 공동주최로 1955년 11월부터 12월까지 도쿄 히비야(日比谷) 공원에서 열린 '원자력 평화이용 박람회'입니다.

미국은 1955년부터 1956년까지 전 세계에서 '원자력의 평화

적 이용'에 관한 전시회를 열었는데, 이 '원자력 평화이용 박람회'
가 바로 그 중 하나였던 것입니다.

<요미우리신문>이 박람회에 공동주최자로 참여했던 이유는
바로 이 회사 사주로 1956년 1월 초대 원자력위원장에 취임하게
되는 쇼리키 씨의 뜻에 따른 것이었습니다. <요미우리신문>이
연일 적극적으로 박람회를 홍보한 결과, 최종적으로 동원된 입장
객은 자그마치 36만 명에 달했습니다. 한 도시에서 진행된 원자
력 박람회의 입장객 수로는 '세계 신기록'이었다고 합니다.

미국 NSC의 산하기구 OCB는 1955년 12월 21일 보고에서 영
국, 서독, 아르헨티나 등 총 12개국을 거론하는 가운데 특히 도쿄
에서 개최된 원자력 박람회에 대해 '지금까지 본 적 없었던, 가장
공들여 치러진' 행사였다고 평가했습니다.

전시회는 1년에 걸쳐 전국을 돌며 개최되었습니다. 어디서든
신문사가 공동주최를 하는 형태였으며 오사카에서는 <아사히신
문>, 나고야에서는 <주니치(中日)신문> 등이 끼어들어 입장객 수

를 놓고 경쟁을 벌였습니다. 이른바 '요미우리 스타일'의 모방이었습니다.

이와 같은 일련의 일들은 바로 앞서 언급했던 아이젠하워 정권의 '대량보복 핵전략'을 허용하게 만드는 심리작전의 일환이었습니다. 당시 미국 공군은 지구 규모의 핵 태세를 강화하는 한편 '초심자라도 알 수 있는 원자력 이론 · 무기 · 평화적 이용의 역사적 발전'을 보급하자고 제안했습니다. (<핵무기에 관한 정보계획>)

일본의 미디어를 대거 동원한 선전공작인 것입니다. 그 성과에 대해 미국 측은 다음과 같이 극찬했습니다. "도쿄에서의 전시회 이전과 이후의 여론조사 결과를 살펴봤더니, 원자력 분야에서 미국이 가지고 있는 목적에 대해 명확하게 호의적인 변화가 관찰되었다." (1956년 8월 15일 자 OCB 보고)

하지만 사상 유례가 없는 미국발(美国発) 심리작전의 최대 공로자였던 쇼리키 씨는 그 이후 미국 측의 기대와는 전혀 다른 방향으로 '독주(独走)'를 시작하게 됩니다.

영국식 원자로의 배제

"당시 관저에까지 찾아가 쇼리키 씨에게 콜더 홀(Calder Hall) 형 원자로[8]의 문제점을 지적하며 재고를 촉구했다. 내진 설계가 약하고 채산성도 나쁘다고. 하지만 '말단 관리는 잠자코 있으라' 며 일축 당할 뿐이었다."

전 과학기술사무차관 이하라 요시노리 씨의 회고입니다.

1956년 1월 쇼리키 마츠타로 씨는 초대 원자력 위원장에 취임한 직후 '5년 이내 원전 건설·미국과 동력협정 체결'을 표명했습니다. 총리 자리에 오르려는 야망을 이루기 위한 정치적 어필이었습니다.

그러나 불과 몇 개월 후 원전 건설이라는 '공적 쌓기'에 서둘던 쇼리키 씨는 미국이 개발 중이던 농축우라늄 형 원자로 완성을 기다리지 못하고 당시 실용화가 가장 진척되어 있던 영국의 콜더 홀 형 원자로 도입을 추진하게 됩니다.

이러한 움직임에 강한 위기감을 느낀 미국은 재빨리 강력한 반격에 들어가게 됩니다.

외무성이 1957년 2월에 작성했던 내부문서(극비)는 당시 상황에 대해 "(미국은) 일본이 영국식 동력로(천연우라늄 흑연 형) 도입을 위해 영국과 동력협정을 맺고, 원자력 발전에 관해 영국과 손잡는 것을 경계하면서 음으로 양으로 미국의 농축우라늄식 원자로의 장점을 일본에 선전했다"고 지적하고 있습니다.

　1956년 10월 콜더 홀 형 원자로 도입의 타당성을 검토하기 위해 일본으로부터 영국원자력조사단(단장 = 이시카와 이치로 원자력위원회 위원·경단련 회장)이 파견됩니다.

　앞서 다루었던 외무성 문서는 미국이 이 당시 "방영(訪英)사절단장으로 영국에 갔었던 이시카와 위원을 특별히 미국으로 초청해 미국식 원자로의 우수성을 과시하고, 가능한 한 자신들의 원자로를 구입하는 쪽으로 일을 마무리 짓는 일반협정 안을 놓고 이시카와 위원과 여러 번 절충을 거듭했다"고 밝히고 있습니다.

　방영사절단은 이듬해인 1957년 1월 원자력위원회에 보고서를 제출, 영국의 콜더 홀 형 원자로에 대해 '일본에 도입하기에 적

사진12. 일본 최초의 상업용 경수로 · 쓰루가 원전 제1호기(좌측, 후쿠이 현 쓰루가 시)

절한 것의 하나'라고 결론 내렸습니다.

한편, 미국을 방문했던 이시카와 씨 등도 따로 시찰보고서를 제출해 "미국의 원자로에 관한 축적된 지식과 경험"은 "세계를 선도한다"고 강조했습니다. 미국으로부터 실용 대형 원자로를 직접 도입하는 것은 "시기상조"라고 하면서도 "가까운 장래에 이를 우리나라에 도입할 시기가 올 것"이라 못을 박았습니다.

콜더 홀 형 원자로가 도입된 것은 일본 최초의 상업용 원전이 었던 도카이(東海) 발전소뿐이고 그 이후에는 모두 미국이 개발한 농축우라늄 형 원자로(경수로)가 채용되었습니다. 그 첫 번째가 바로 쓰루가 원전 1호기(사진12)입니다. 그리고 콜더 홀 형은 결국 1998년 영업운전을 정지했습니다.

원자력의 힘으로 일본의 정점을 향해 달렸던 쇼리키 씨. 하지만 그런 그일지라도 원자력의 힘으로 세계를 지배하려 했던 미국을 거스를 수는 없었습니다.

'안전 신화'의 원류

"지상 최대의 힘 - 인류는 그것을 수중에 넣고 스스로의 의사에 따라 사용할 수 있다." AEC가 1954년에 작성한 '평화를 위한 원자력' 정책 홍보 책자의 한 구절입니다.

"6킬로그램의 농축핵연료로 석탄 1만 8000톤 분의 거대한 파워를 자유롭게 다룰 수 있다(같은 책자)." - 이러한 묘사들 속에서 배제되어 왔던 것은 바로 '안전성'에 관한 논의였습니다.

"현재까지 어떠한 시설에서도 원자로 사고가 일어나지 않은 것은 대단히 행복한 일이다. 그러나 핵분열과 원자력 응용이 확산됨에 따라 지금까지 깨지지 않았던 기록이 유지될 것이라고는 기대할 수 없다." - 미국의 핵폭탄 개발 프로젝트인 맨해튼 프로젝트(Manhattan Project)에 참가했던 이론물리학자 에드워드 텔러(Edward Teller) 씨는 1953년 9월 미의회 상하원 합동 원자력위원회에서 이와 같이 경고했습니다.

그러나 이 위원회는 텔러 씨의 경고를 무시했고, 원자로의 안전성에 관한 논의가 일체 이루어지지 않은 채로 1954년 민간기업의 원전 분야 진입을 인정하는 개정원자력법이 가결되었습니다.

당시 AEC는 원자력 방호 권고 위원회로부터 받은 보고서를 공표하지 않고 표면적으로만 '(사고의) 가능성을 최소화하기 위해 여러 가지 합리적인 조치'를 취하고 있다고 반복했습니다.[9]

비판적 의견을 배제하고 자신들에게 불리한 정보는 은폐하면서 '안전성'을 강조한다 - 이것이 바로 일본에서 형성되어 온 원전 '안전 신화'의 원류입니다.

1956년 6월 전미 과학 아카데미(National Academy of Sciences)는 164명의 과학자를 동원해 "원폭이든, 평화적 이용이든, 자연이든, 방사능은 인간에게 유해"하다는 보고를 발표했습니다. 이 보고는 "원자력산업이 발전하면, 축적되는 방사능 폐기물은 원자수소폭탄이 사용되는 전쟁을 통해 방출된 방사능보다 많아진다"고 지적했습니다.

그리고 1957년 3월, 충격적인 보고서가 공표되었습니다.

"사망 3400명, 장해(障害) 4만 3000명", "사망은 15마일(24km),

장해는 45마일(72km) 권역에서 발생", "손해액 70억 달러"

미국의 원자력손해배상법인 프라이스-앤더슨 법(The Price-An-derson Act) 제정(같은 해 9월)에 앞서 AEC가 작성한 보고서 <공중재해를 수반하는 원자력발전소 사고의 연구>(WASH470)가 제시한 '최악의 사고'에 대한 예측입니다.

일본에서도 1960년, 이 보고서를 참고로 이비라키(茨城) 현 도카이무라(東海村) 원전의 노심용융(meltdown)을 상정한 보고서가 작성되었습니다. 이 보고서가 내놓은 피해 예측은 최대 사망자 720명, 장애인 5000명, 피해액 3조 7300억 엔이라는 충격적 규모였습니다. 그러나 피해 예측은 미국과 달리 전혀 공표되지 않다가 1975년 <신문 아카하타>의 폭로로 처음 세상에 알려졌습니다.

"심각한 원전 재해가 일어날 수 있다"는 경고, 하지만 '안전 신화'는 아랑곳없이 확산되어 갔습니다.

깨져 버린 '신화'

"원자로 한 기당 대규모 사고가 일어날 가능성은 양키 스타디움(Yankee Stadium)에 운석이 떨어지는 것과 동일한 확률"

"원자력은 항공기나 수력발전보다 1000~10000배 안전"

원자력 사고 확률은 지극히 낮으며, 사실상 일어나지 않는다고 봐야 한다. - 일본정부와 전력회사도 최근까지 거의 입에 달고 있다시피 했던 '확률적 안전평가'. 이것도 '미국발'이었습니다.

이 이론은 1975년 10월 미국 원자력규제위원회(NRC)가 내놓은 보고서 <원자로 안전성의 연구>(WASH1400)에서 확립되었다고 합니다.

보고를 종합했던 매사추세츠공과대학(MIT) 노먼 라스무센(Norman Rasmussen) 교수는 1976년 5월 25일 도쿄에서의 강연에서 "우리는 연료용융의 확률을 2만분의 1로 보고 있으며, 이는 200원자로/년(reactor-year) 동안 이러한 사고가 일어나지 않았다는 경험에 근거한 것"이라고 장담했습니다.

하지만 그로부터 3년 뒤인 1979년 3월 스리마일(Three Mile) 섬의 원전에서 노심용융이 일어났습니다.

사진13. 요코스카(横須賀) 기지에 입항하는 원자력 항공모함 조지 워싱턴(George Washington)
2011년 8월 15일 (미 해군 홈페이지에서 발췌)

"공중(公衆)이 장해(障害)를 받은 증거가 없는 상태에서 운전이 오랫동안 지속되면서 원전은 안전하다는 신념은 확신의 단계로까지 높아졌다." 카터 대통령의 조사위원회 보고서는 이와 같이 언급하면서 "원전은 본질적으로 위험하다"고 지적, '안전 신화'와의 결별을 선언했습니다.

　'안전 신화' 중에는 노심용융이 일어나도 사중, 오중의 방호벽이 지키고 있기 때문에 방사능이 외부로 유출될 일은 없다는 '다중방호'론도 있습니다. 이 또한 체르노빌과 후쿠시마에서 일어난 사고로 인해 완전히 깨져 버렸습니다.

　그러나 '확률적 안전평가'와 '다중방호'론은 아직도 일본국민들에게 강요되고 있습니다. 요코스카 기지(가나가와 현)에 미군이 원자력 항공모함 조지 워싱턴(사진13)을 배치할 때 두 번 세 번 이 '신화'들을 끌어다 대고 있기 때문입니다.

　"미합중국 해군의 원자로는 1억 4500만 해리에 걸쳐 안전 항행을 해 왔다는 걸출한 기록을 가지고 있다(따라서 안전하다).", "최소한 사중구조의 방호벽이 원자력함 안에서 방사능 유출을 막고 있다."

후쿠시마 제1원전 사고가 일어난 지 얼마 되지 않았던 2011년 4월 18일, 미국정부가 일본정부에 제공했던 원자력항모의 '안전성'에 관한 '설명'입니다.

이런 얼토당토않은 설명을 이해할 수 있는 주민은 많지 않습니다. 그 결과 "미우라(三浦)반도를 제2의 후쿠시마로 만들지 말라"며 원자력항모 반대를 외치는 여론이 고조되고 있습니다.

일본의 원전은 아이젠하워 정권의 핵전략 일환으로 도입되었습니다. 여기에 미국과 일본의 재계가 편승해 이견을 철저히 배제함으로써 오늘날의 체제가 확립된 것입니다.

원전으로부터의 탈피는 미국과 재계의 지배하에 있는 안전보장·에너지정책의 근본적 변혁으로 이어질 것입니다.

제3장

꿈틀대는 이권집단 -
과혹사고 후에도 '원전추진'

종합건설사 출신 시장의 실각

혼슈(本州) 한가운데에서 일본의 서해안을 향해 F자형으로 돌출되어 있는 노토(能登)반도. 이시카와 현 스즈 시는 그 끝에 자리 잡고 있습니다. 주로 농업과 어업 등에 종사하는 약 1만 6000명의 이곳 주민들은 8년 전까지 원전 때문에 둘로 갈라져 있었습니다.

스즈 시에서 원전문제가 불거진 것은 1975년. 시와 시의회가 원전 입지조사를 정부에 요청한 것이 발단이었습니다. 결국, 간사이전력이 시내 북부의 다카야(高屋)구, 중부(中部)전력이 시 동쪽 끝의 지케(寺家)구에 각각 입지를 계획하고 호쿠리쿠전력이 조정역(調整役)을 맡아 세 회사에 의한 추진체제가 구성되었습니다. (지도 참조)

사건은 1993년 4월, 원전추진파인 하야시 미키히토(林幹人) 시장이 삼선(三選)을 노리고 뛰어든 선거전에서 일어났습니다.
"연설회를 위해 행사장을 이용하려다 몇 번이나 거절을 당했습니다. 우리 선거사무소 앞에 전력회사나 건설회사 사람들이 차를 대놓고 드나드는 주민들을 감시하기도 했고요." 당시 원전에 반대하는 후보 진영에서 사무국장으로 일했던 츠카모토 마코토(塚本真如) 씨(66세)는 당시 '추진파'의 방해를 몸으로 체험했습니다.

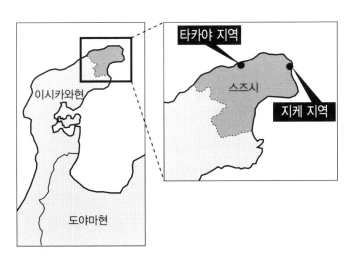

전회(前回) 시장선거 직후 간사이전력이 다카야구에서 원전의 가능성 조사를 강행하다가 주민의 항의로 중단된 일 등도 있었기에 원전에 반대하는 주민들에게 이 선거는 결코 질 수 없는 승부였습니다.

추진파도 원전에 찬성하는 조건으로 입지지역 주민의 자녀를 간사이전력이나 중부전력에 채용하는 등, 수단 방법을 가리지 않고 반대파를 와해시키기 위해 노력했습니다.

원전반대파는 그렇게 추진파와 한 치의 양보도 없는 접전을 벌이던 끝에 선거당일을 맞았습니다. 개표결과는 아슬아슬한 표차에 의한 추진파의 승리였습니다. 그러나 투표 총수가 맞지 않아 결국 선거법 위반이 아니냐는 의혹이 제기되었습니다.

이 문제는 결국 법정투쟁으로까지 비화되었고, 1996년 5월 최고재판소는 선거무효를 확정했습니다. 다시 치러진 선거에서도 추진파가 승리했는데, 이 선거에서 반대파는 아예 입후보조차 못했습니다.

이후 시민들의 끈질긴 투쟁 속에서 2003년 12월 세 전력회사는 결국 스즈 원전 계획의 동결을 발표했습니다.

　　그로부터 2년여가 지난 2006년 2월 스즈 시 소재의 한 회사가 파산절차를 밟기 시작했습니다. 한때는 시내 기업 중에서 톱클래스 매출을 자랑했던 건설회사 (주)하야시구미(林組). 회장은 전 시장인 하야시 씨였습니다.

　　주민들은 "하야시 씨가 원전에 필사적으로 매달렸던 것은 회사 이익이 걸려 있었기 때문이고 도산한 것도 원전이 오지 않게 되었기 때문"이라고 입을 모았습니다.

종합건설사의 건설부지 대리매수

스즈 원전이 추진되던 당시 부지확보를 둘러싸고 불투명한 토지거래가 여러 번 진행되었습니다.

그중 하나가 거대 종합건설사인 시미즈건설 등 4개사에 의한 원전 예정지의 대리매수입니다. 당시 스즈 원전은 지역 주민들의 강한 반대 때문에 대놓고 추진을 고집하기 힘든 상황이었습니다. 전력회사가 원전착공을 앞두고 진행하는 '사전조사'도 원전 입지를 전제로 하지 않는다는 '다테마에(建前)'를 내세우면서 '입지가능성조사'라는 말을 거듭할 수밖에 없었고, 그나마 그 조사조차 1989년 6월 주민의 항의로 중단되었습니다.

이런 상황 하에서 간사이전력으로부터 은밀하게 의뢰받은 시미즈건설 등 4개 종합건설사가 1993년 12월부터 1994년 2월까지 스즈 원전 예정부지 주변 약 11만㎡의 토지를 땅주인인 가나가와(神奈川) 현의 한 의사로부터 구입했습니다.

토지거래가 표면된 것은 이 의사의 탈세사건 재판 때문이었습니다. 4개 종합건설사는 실제로 이 거래가 의사와 이루어진 토지 매매였음에도 불구하고 마치 토지를 담보로 한 융자인 양 위장했습니다. 그러나 의사가 이 거래를 통해 얻은 소득을 세무서에 신고하지 않는 바람에 탈세로 책임을 지게 되었고, 그 과정에서 1998년 도쿄국세국(東京国税局)이 감사를 진행하다가 스즈 시에 있는 입지 사무소에서 토지의 권리증을 발견했습니다.

결국, 간사이전력이 원전부지 매수를 은폐하려 한 사실이 드러난 것입니다.

이 문제는 국회에서도 다뤄졌습니다. 1999년 10월 27일 참의원 결산위원회에서 일본공산당 소속 오가타 야스오(緒方靖夫) 의원(당시)은 "수주를 기대했던 종합건설사 측과 발주자인 간사이전력 사이에 뿌리 깊은 유착관계가 있다는 것은 중대한 문제"라고 지적했습니다.

이 사례 말고도 스즈 시에서는 전력회사와 그 대리인에 의한 원전부지 취득이 여러 번 이루어졌습니다. 한 주민은 "중부전력이 토지를 빌려달라고 했다. 원전이 정식으로 결정되면 매수하겠다면서. 임대료로 2500만 엔을 받았다"고도 증언했습니다.

　원전 입지에 반대해 온 엔류지(円龍寺) 주지 츠카모토 마코토(塚本真如) 씨에게도 수많은 중개업자들이 찾아왔었다고 합니다. 츠카모토 씨는 당시 상황에 대해 다음과 같이 말했습니다. "맨 처음에는 꽃밭을 하고 싶으니 토지를 팔라고 해서 거절하니까 이번에는 절을 멋지게 꾸며준다고 하고, 끊임없이 찾아와 이런저런 제안을 하더라고요. 결국, 토지를 손에 넣고 반대파의 중심에 서 있던 저도 회유해서 반대운동을 무너뜨릴 생각이구나 싶었습니다."

과혹사고 대책은 뒷전

　원전 입지지역에는 정부로부터 지불되는 전원 3법 교부금 이외에도 전력회사로부터 각종 기부가 이어집니다. 스즈 원전의 경우도 예외는 아니었습니다.

　웅장한 북소리가 울려 퍼집니다. 높이 약 8m의 등롱(灯籠, 일본 전통 조명기구)에 화려한 색채의 선녀가 그려져 있습니다. 노토지방 각지에서 벌어지는 키리코(キリコ) 축제[10]는 거대한 등롱이 백미입니다. 2011년 10월 10일 원전 예정지이던 스즈 시 다카야구에서도 키리코 축제가 진행되었습니다. 키리코 보관을 위한 창고는 간사이전력의 기부금 5500만 엔으로 만들어졌습니다.

　다카야 지역은 이 이외에도 농산물 냉장창고를 마련하기 위한 비용인 3000만 엔을 기부 받았습니다.

　다른 한 군데의 원전 예정지인 지케 지역에서는 농업관계자들을 대상으로 중부전력이 1억 2000만 엔을 기부해 온실이 지어졌습니다. 뿐만 아니라 어업관계자들에게는 중부전력이 우렁이 양식시설 건설비용으로 1억 엔을 기부했습니다.

지케 지역의 한 어업종사자는 말했습니다. "우렁이 양식으로 그럭저럭 수익을 낼 수 있었습니다. 시설 유지비와 전기요금도 중부전력이 다 부담해 주었거든요."

하지만 간사이전력, 중부전력으로부터 기부 받아 만든 시설은 결국 키리코 보관창고를 빼고 모두 파기되었습니다. 원전계획이 '동결'됨에 따라 전력회사가 유지관리비 지원을 중단했기 때문입니다.

두 대의 다시(제1장 참조)가 행진했던 다카야의 키리코 축제. 창고에는 다른 한 대의 다시가 남겨져 있었습니다. "요 몇 년 새 축제에 나오는 다시는 두 대 뿐입니다. 끌어 줄 사람이 없어서 그래요. 쓸쓸한 얘기지요." 지역 주민은 이렇게 말하면서 어깨를 늘어뜨렸습니다.

구초무라(九町村)가 합병되어 스즈 시가 탄생했던 이듬해인 1955년 당시만 해도 국세조사(国勢調査)에서 3만 7000명을 헤아리던 인구는 이제 1만 6000명(2010년 국세조사)으로 절반 이하가 되었습니다. 2000년까지만 해도 70세대에 180명이 살던 다카야 역시 2010년이 되자 57세대 140명으로 줄었습니다.

　　지역 일본공산당원으로 원전에 반대하면서 마을 만들기 활동을 해 왔던 반도 마사유키(坂東正幸) 씨(69세)는 "원전에 모든 것을 떠넘기고 제대로 된 산업정책이나 과혹사고 대책조차 세우지 않았던 결과다. 원전 건설이 무산되자 주민들 가슴의 응어리도 사라지고 있다. 시민과 행정이 한마음으로 스즈 시다운 마을 만들기를 해 볼 기회"라고 말했습니다.

재미를 보는 건설업자들

자신이 전원 3법을 만들었다고 호언하는 인물이 있습니다. 1962년부터 1992년 사망하기 전까지 30년에 걸쳐 자민당 참의원을 지낸 쿠마가이 타사부로(熊谷太三郎) 씨입니다.

쿠마가이 씨는 자서전 ≪나의 춘추(春秋)≫(일간 후쿠이)에서 "(나의) 질문이 계기가 되어 다나카 총리 주도로 즉각 전원 3법이 탄생했던 것은 주지의 사실"이라고 기록하고 있습니다. 전원 3법은 세금으로 원자력발전소 입지지역에 '답례용 공공시설' 등을 건설하고 현지를 원전추진체제 안으로 편입시키는 제도입니다. 그리고 이를 통해 원전 입지를 담당한 건설업자들은 톡톡히 재미를 보게 됩니다. 쿠마가이 씨는 후쿠이 현에 본거지를 둔 준(準) 거대 종합건설사 쿠마가이구미(熊谷組)의 사장이기도 했습니다. (1940년 ~1967년, 이후에는 컨설턴트가 됨)

1973년 12월 쿠마가이 씨는 참의원 예산위원회에서 원전 입지가 진척되지 않는 것은 "현지에 메리트다운 메리트가 거의 주어지지 않았기" 때문이라면서 대책을 요구했습니다. 이에 다나카 가쿠에이 총리(당시)가 "내년 1월부터는 그런(현지에 메리트를 주는) 방향으로 정책을 실행해 원전이 국민의 이해 속에 건설될 수 있는 출발점을 마련하고 싶다"고 답변합니다. 바로 이 답변이 전원 3법으로 이어진 것입니다.

1976년에는 쿠마가이 씨가 고속증식로 '몬주'를 쓰루가 시 시라키(白木)지구에 유치할 수 있도록 후쿠이 현의회 의원들을 움직여 현이 사전조사를 승인하게 됩니다.

쿠마가이 씨는 1977년 11월부터 1978년 12월까지 원자력행정을 도맡아하는 과학기술청 장관·원자력위원회 위원장 등을 맡기도 했습니다. 그가 직접 관여했던 1978년도 원자력개발이용기본계획에는 '몬주' 건설을 위한 '제반 준비의 실행'과 전원 3법을 활용한 '공공용(公共用) 시설의 건설 진행' 등과 같은 내용들이 명기되었습니다.

자민당 기관지 ≪월간 자유민주≫ 1982년 12월호는 쿠마가이 씨의 간사이전력 미하마 원전 시찰 기사를 게재했습니다. 이 기사에서 츠키야마 류이치(築山隆一) 간사이전력 상무(당시)는 쿠마가이 씨에게 "전원입지 추진에 전심전력을 다해주셔서 뭐라 감사의 말씀을 드려야 할지 모르겠습니다"라고 인사했습니다.

원전추진으로 쿠마가이구미가 얼마나 이윤을 챙겼을까요. 1978년 발행된 ≪주식회사 쿠마가이구미 40년사≫를 보면 이 회사가 수주했던 원전과 도급총액이 아래와 같이 기록되어 있습니다.

후쿠시마 원전	101억 8306만 엔
미하마 원전(후쿠이 현)	3억 6379만 엔
쓰루가 원전(후쿠이 현)	4억 2795만 엔
시마네(島根) 원전	6억 795만 엔
오오이 원전(후쿠이 현)	133억 150만 엔
하마오카(浜岡) 원전(시즈오카 현)	17억 3103만 엔

후쿠이 현 와카사만을 '원전의 긴자'로 만듦으로써 쿠마가이 구미는 일개 지방 종합건설업체에서 준 거대기업으로 성장했던 것입니다.

원전수출 교섭은 조용하게

　도쿄전력 후쿠시마 제1원전의 과혹사고에도 불구하고, 민주당 정권은 원전수출 방침을 고수하고 있습니다. 에다노 유키오(枝野幸男) 경제상업상은 2011년 10월 18일 "국내에서 원자력 이용을 계속할 것인지에 대한 논의와 가지고 있는 기술을 다른 나라에 이용하도록 할 것인가에 대한 논의는 그 차원이 다르다"고 강조했습니다.

　자원에너지청 담당자는 "도쿄전력 후쿠시마 원전 사고의 영향과는 무관하게 교섭이 조용히 진행되고 있다"고 말합니다.

　현재 자원에너지청이 파악하고 있는 원전수출계획은 베트남, 요르단, 리투아니아, 터키 등을 대상으로 하는 4건. 베트남은 일본의 기업연합에 의한 수주가 결정된 상태입니다. 요르단과는 미쓰비시중공업과 프랑스 원자력 기업 아레바(Areva)가 만든 새로운 회사가 요르단 정부와 교섭을 진행 중입니다. 리투아니아에 대해서는 히다치가 우선교섭권을 획득했습니다. 그리고 터키의 경우, 2010년 12월 일본이 수주에 관한 우선교섭권을 획득하고 도시바를 중심으로 준비가 한창입니다.

한편 2010년 10월 원전을 가진 각 전력회사들과 원자로 메이커 등의 출자로 국제원자력개발 주식회사가 설립되었습니다. 회사의 소재지는 제국호텔 근처 NBF빌딩 17층. 이 회사 담당자는 "원전 도입에 관심을 가지고 있는 나라에 기술이나 인재양성 등을 제안하고 있다"고 말했습니다. 원전수출 준비가 차곡차곡 진행되고 있는 것입니다.

2011년 9월 30일에 회기 말을 맞은 제178회 국회에서는 일본·요르단 원자력협정의 승인을 계속 심의한다는 결정이 내려졌습니다. 당초 8월 말 국회승인이 이루어지기로 되어 있던 것이었습니다.

일본이 원전을 수출하려면 '원자력협정'이 필요합니다. 원자력협정은 핵물질이나 원자력기술을 타국에 이전할 때 그것이 군사적으로 이용되지 못하도록 하는 법적장치입니다. 협정에는 IAEA에 의한 핵시설 사찰 수용과 제3국에 대한 이전규제 등과 같은 내용들이 포함됩니다.

현재 일본에서는 미국이나 유럽원자력공동체(EURATOM) 등과 맺은 8개의 원자력협정이 발효 중입니다. 하지만 원자력 수출 교섭을 진행하고 있는 4개국 가운데 원자력협정이 발효된 나라는 유럽원자력공동체 참가국인 리투아니아뿐입니다. 178회 국회에서 여론의 힘으로 막아냈던 요르단, 베트남 등 4개국과의 원자력협정에 대한 국회승인은 결국 12월 9일 민주·자민 양당의 압도적 찬성에 의해 강행되었습니다. 이 협정이 2012년 1월에 발효되면 원전 수출이 가능해질 것입니다.

관민일체로 수출을 추진

　도쿄전력 후쿠시마 제1원전 사고가 일어나기 전까지 원전 수출은 정부가 추진하는 산업정책의 핵심이었습니다. 2010년 6월 경제산업성이 발표한 '산업구조비전 2010'에도 '인프라 관련 / 시스템 수출' 부문에 원자력발전이 포함되어 있습니다.

　원전 수출의 움직임은 정권교체 이전에도 존재했습니다. 고이즈미 준이치로(小泉純一郎) 내각 시절이던 2006년 5월 경제산업성이 발표한 '신국가에너지전략'은 "원자력산업의 기술·인재를 유지함은 물론, 세계적인 에너지부족 완화와 지구온난화 방지에 공헌한다는 관점에서 원자력산업의 국제적 발전을 적극적으로 지원한다"고 설명했습니다. 정권교체 직전인 2009년 6월에는 '국제적으로 원자력의 평화적 이용의 건전한 발전에 공헌'하기 위해 관민 '연대를 강화하는' 장으로써 국제 원자력 협력 협의회가 설립되었습니다. 멤버로는 니카이 도시히로(二階俊博) 경제산업상, 도쿄전력 전 상무 사타케 마코토(佐竹誠) 씨 외에도 원자로 메이커인 미쓰비시중공업의 쓰쿠다 가즈오(佃田和夫) 회장, 도시바의 니시다 아츠토시(西田厚聰) 회장 등 관련 업체 임원진이 대거 참가했습니다.

사진14. 미쓰비시 중공업 쇼룸(도쿄도 미나토구)에 전시되어 있는 가압수형 원자력발전소 모형

이와 같은 흐름 속에서 관민일체로 원전 수출을 추진하려던 것이 민주당 정권이었습니다. '산업구조 비전'에서도 원전 등 수출에 있어서 "해당 인프라와는 직접관계가 없는 분야(문화, 교육, 다른 분야에서의 기술협력 · 산업인재육성 · 파일럿 사업 등)에 대해서도 정부가 한마음으로 지원해야 할 것"이라고 강조하고 있습니다.

2010년 10월 일본이 베트남에 원전 수출을 결정했던 것도 '관민일체'가 결정타로 작용한 사례였습니다. 그해 5월 센고쿠 요시토(仙谷由人) 국가전략담당상(현 민주당 정책조사회 회장 대행)이 베트남을 방문해 정부요인들과 회의를 가졌습니다. 귀국 후 베트남 측의 요구에 근거해 방사성폐기물 처리 등을 포함한 포괄지원책을 정리합니다. 8월에는 나오시마 마사유키(直嶋正行) 경제산업상이 도쿄전력, 원자로 메이커의 수뇌부 등과 함께 베트남을 방문, 정부요인에게 그 내용을 제안합니다. 결국 10월에 치러진 정상회담에서 일본의 수주가 정식으로 결정되기에 이릅니다.

자민당과 민주당이 원전 수출을 추진한 배경에는 업계와의 유착구조가 자리 잡고 있었습니다. 2010년도 정치자금수지 보고서에 따르면 자민당의 정치자금단체인 국민정치협회에 전력회사의 계열기업이나 도시바, 미쓰비시중공업 등 일본원자력산업협회 64개 회원사들이 총 4억 520만 엔을 기부한 것으로 나타났습니다.

　민주당 쪽으로는 전력회사나 자회사와 노동조합을 통해 민주당 5개 현 지부 연합회와 국회의원 13명 및 지방의원 등에 대한 기부와 후원파티 티켓 구입 등 모두 합쳐 1억 2000만 엔의 자금 제공이 이루어졌습니다. 돈을 써서 정계로 하여금 원전수출에 영향력을 발휘하게 한 것입니다.

도시바 혼자서 "39기 1조 엔"이라는 목표

    2011년 10월 3일(일본시간은 4일) 파나마에서 열린 기후변화협약 부속기구회의에서 일본정부는 한 환경보호단체로부터 불명예스러운 상을 수상하게 됩니다. 이름하야 '오늘의 화석상(化石賞)'. 그날 있었던 교섭에서 가장 시대에 역행하는 발언을 한 나라에 주어지는 상입니다. 일본정부가 "도상국에 원전을 만들어서 감소되는 온실가스 양만큼 일본의 배출범위를 늘려주었으면 한다"고 제안했던 것입니다.

    아직 도쿄전력 후쿠시마 원전 사고 수습도 이루어지지 않은 상태에서 원전을 수출하려 하는 태도는 무책임합니다. 왜 그렇게까지 원전 수출에 집착하는 것일까요?

    베트남에 대한 원전 수출이 결정된 직후인 2010년 11월 정부의 신성장전략실현회의는 원전수주를 기뻐하는 환호에 휩싸였습니다. 미쓰비시종합연구소 이사장 코미야마 히로시(小宮山宏) 씨는 "베트남 원자력발전소 수주는 대단히 훌륭한 성과"라며 두 팔 벌려 기뻐했습니다. 이 코미야마 씨는 2009년 6월부터 오늘날에 이르기까지 도쿄전력의 사외감사역을 맡고 있으며 2200주의 도쿄전력 주식 또한 보유하고 있습니다. 신성장전략실현회의는 그 이름대로 경제성장을 실현하기 위해 정부가 무엇을 해야 할지를 논의하는 장입니다. 그런데 업계 당사자들이 정부 방침을 설정하고 있는 것입니다.

히다치는 후쿠시마 원전 사고로부터 3개월 뒤인 2011년 6월에 발표한 '2012 중기(中期)경영계획'에서 2010년 1800억 엔이었던 원자력 부문 매출액을 2020년도에는 3600억 엔으로 늘린다는 목표를 설정했습니다.

도시바는 연차보고서에서 사사키 노리오(佐々木則夫) 사장이 직접 "원자력 부문에서는 국제적으로 전력수요 확대가 예상되는 상황을 고려, 2015년도까지 39기를 수주해 매출액 1조 엔을 목표로 한다"고 천명했습니다.

미쓰비시의 경우 6월 있었던 '원자력사업본부 사업설명회'에서 원전 사고 이후에도 "33개국이 원자력 정책을 추진하고 있으며, 우리 회사의 주요 고객들도 프로젝트 추진을 표명"했다고 밝혔습니다. 연차보고서에서는 "원자력사업을 통해 2011년도 2000억 엔, 2012년도 4000억 엔, 2014년도 6000억 엔"의 매출을 올리겠다고 선언했습니다. 이 회사의 원자력본부장을 맡고 있는 마사모리 시게로(正森滋郎) 씨는 "(과혹사고를 일으킨) 발전소로부터 얻은 경험과 기술을 세계에 전파함으로써 지구온난화 대책, 에너지안보 확립, 전력 안정공급 등에 공헌할 것"이라고 말했습니다.

　하지만 그들은 결국 돈벌이를 위해 원자력 사고와 방사능 위험을 국제적으로 확대시키는 '죽음의 상인'에 다름 아닙니다.

대기업의 금성탕지(金城湯池)[11]

 일본경제단체연합회(경단련)는 2011년 9월 16일 발표한 <경단련 성장전략 2011 - 민간 활력의 발휘를 통한 성장 가속화를 향하여>의 '성장하는 아시아와의 일체화' 부분에서 아래와 같이 기술하고 있습니다.

 "관민(官民)이 아시아 각국의 철도, 고속도로, 상하수도, 원자력발전소, 통신 등의 하드웨어적인 인프라정비 프로젝트를 통해서 우리나라의 기술·경험·운영 노하우를 전파해 간다."

 도쿄전력 후쿠시마 제1원전이 과혹사고를 일으켰는데도 아랑곳없이 재계는 원전 수출을 진행하겠다고 선언하고 있는 것입니다. 도대체 원전이 재계에 얼마나 많은 이익을 가져다 준 것일까요?

 전력회사나 원자력관련 기업·연구기관, 대학, 그리고 원전입지 지역지자체 등이 함께 만든 사단법인, 일본원자력산업협회(원산협회)는 매년 회원들을 대상으로 앙케이트를 실시, 원자력 분야에서 전력회사와의 거래를 통해 발생한 거래액을 조사하고 있

전력회사에서 원자력업계로 흘러든 돈의 흐름 (1966년~2005년 거래액)

산업	금액
전기기품(電気機品) 제조업	11조 0475억 9459만 엔
건설업	8조 4289억 6261만 엔
조선조기업	5조 9832억 7377만 엔
원자력전업	2조 5443억 7075만 엔
기계 제조업	8482억 5102만 엔
요업 · 토석(土石)제품 제조업	1976억 0237만 엔
철강업	1718억 0385만 엔
운송 · 통신업	1257억 3627만 엔
금속제품 제조업	1088억 7453만 엔
비철금속 제조업	756억 6593만 엔
정밀기계 제조업	461억 9620만 엔
화학공업	98억 6188만 엔
섬유품 제조업	21억 3570만 엔
고무제품 제조업	14억 8188만 엔
운송기기 제조업	3억 6959만 엔

1968년도 거래액은 데이터가 공개되지 않아 포함시키지 않았음
자료: 원산협회 〈원자력산업실태조사〉를 참고로 작성

습니다.(표 참조)

　상업용 원전 착공이 시작된 1966년부터 2005년까지의 누적액(cumulative) 가운데 가장 거래가 빈번했던 분야는 전기산업이었습니다. 그 금액이 자그마치 11조 엔. 히다치나 도시바 등과 같은 전기(電機)업계는 원자로와 관련 설비를 납품해 막대한 매출을 올렸습니다.

　이 뒤를 이어 8조 300억 엔의 거래실적을 올린 것이 건설업입니다. 원전 건설에는 카시마(鹿島)건설, 시미즈건설, 타이세이(大成)건설, 오오바야시구미(大林組), 다케나카(竹中)공무소 등 5대 종합건설사 모두가 관여하고 있을 뿐만 아니라 쿠마가이구미나 마에다(前田)건설 등 준 거대기업의 대부분이 관련되어 있습니다.

　약 6조 엔 규모의 거래가 이루어졌던 분야는 조선조기업(造船造機業). 히다치조선 등이 발전기와 열교환기, 변전설비 등을 납품했습니다.

　2조 5000억 엔의 거래가 이루어졌던 '원자력전업(原子力專業)'

은 조금 생소하게 들리는 분야입니다. 원산협회는 원자력전업에 대해 "원자력에 관한 상품 및 서비스 등을 다루는 기업을 분류하는 기준입니다. 업체로는 주로 대기업의 자회사가 많은데, 메인터넌스(maintenance, 각종 시설물 유지보수)나 제조업 등 그 업종도 여러 가지입니다"라고 설명합니다.

재계는 원전 관련 수주를 통해 얼마만큼의 금액을 벌어들였던 것일까요? 원전 건설이 왕성하게 이루어졌던 1981년 12월의 미쓰비시은행 ≪조사(調査)≫는 건설업을 예로 들어 다음과 같이 기록하고 있습니다.

"이 분야의 발주는 실적주의가 되기 쉬우며 신규진입이 용이하지 않아 앞으로도 일부 거대 종합건설사의 금성탕지로 남아있을 것이다."

이렇듯 대기업의 경우 틀림없이 이익을 얻을 수 있다는 특성이 원전추진을 향한 충동을 부채질하고 있습니다.

제4장

'사전공모 메일 사건'의 배경

수수께끼의 큐슈 타로(九州太郎)

 '큐슈 타로'. 인터넷상에서 이 블로거가 화제가 되고 있습니다. "사가(佐賀) 현과 큐슈전력을 악인으로 만들어 세간의 관심을 다른 쪽으로 돌리려 하고 있다", "제3자위원회 보고서의 내용 … 커다란 의문이 남는다" - 블로그는 큐슈전력 겐카이 원자력 발전소 재가동을 둘러싼 '사전공모' 메일 문제와 관련해 철저하게 큐슈전력을 옹호하고 있습니다. 프로필 난은 공백으로 남겨져 있어 본명도 성별도 연령도 모두 정체불명입니다.

 2011년 7월 <신문 아카하타>의 특종으로 '사전공모'가 발각되어 사회적으로 큰 비난을 받았던 큐슈전력은 검사출신인 고하라 노부오(鄕原信郎) 변호사를 위원장으로 '원인규명을 위한 제3자위원회'를 설치했습니다. 이 위원회는 후루카와 야스시(古川康) 사가 현 지사의 관여를 지적하는 최종보고서(2011년 9월 30일)를 내놓았습니다. 그러나 큐슈전력은 이에 반발하며 견해를 달리하는 최종보고서를 작성한 후, 경제산업성에 제출(2011년 10월 14일)했습니다. 심지어 공개질문서 등을 통해 고하라 씨 등을 공격했습니다.

큐슈전력이 반론을 위한 근거로써 열람을 추천했던 것이 제3자위원회에 대한 비판과 원전추진론 등을 상세하게 늘어놓은 바로 이 '큐슈 타로'의 블로그입니다.

큐슈전력은 2011년 10월 31일 보안을 위해 제한하던 사외로부터의 인터넷 접속을 일부러 해제하고 '큐슈 타로' 등의 블로그를 열람할 수 있도록 변경했습니다. 그 후 "(큐슈 타로 블로그의) 방문자 수가 감소했다"는 이유로 11월 30일 다시 제한을 설정했습니다. <신문 아카하타>의 취재에서 큐슈전력 측은 이 사실을 인정했고 블로그 내용이 업데이트될 때마다 인쇄해서 회사 임원에게 배포했다는 것도 보도되었습니다.

10월 20일 개설된 블로그에는 거의 매일 장문의 글이 올라왔습니다.

도대체 누가 그랬을까? 취재진은 개설자라고 여겨지는 인물의 흔적이 초기 블로그에 남겨져 있다는 정보를 입수, 수도권에 살고 있다는 그 인물의 진위여부를 조사해 보았습니다.

'사전공모 메일 사건'의 배경

"'큐슈 타로' 블로그가 시작되기 전인 10월 중순 제 블로그에 제3자위원회를 비판하는 코멘트를 적었던 일은 있지만, '큐슈 타로'는 제가 아닙니다. 다른 매체들도 물어보거나 착각들을 해서 곤혹스러워요."

개설자가 누구인지도 모르는 블로그를 '공인'했음에도 불구하고, 큐슈전력(홍보담당)은 "블로그에서는 익명 기고가 일반적"이라면서 확인조차 하지 않고 있습니다. 혹시 '큐슈 타로'가 큐슈전력 관계자라면 또 다른 의미의 '사전공모'로 이어질 수 있는 문제인데도 전혀 개의치 않는 것입니다.

제3자위원회 관계자는 다음과 같이 지적합니다. "정체불명의 블로그까지 만들어 내다니 공기업으로써의 자격을 의심할 수밖에 없다. 이 자체가 불상사로써 추궁받아야 할 심각한 문제다." 이 장에서는 원전추진을 위해 부정을 일삼는 원전이익공동체의 체질과 반성 없는 태도에 대해 검증해 보도록 하겠습니다.

왜 현지사를 비호하는가?

사가 현 선거관리위원회는 2011년 2월 25일 위원회에 제출된 정치단체의 2010년도 정치자금수지보고서를 공표했습니다. 이에 따르면 후루카와 야스시 지사의 자금관리단체 '야스토모(康友)회'의 2010년도 수입액은 약 3900만 엔. 그중 70%를 점하는 것이 두 번에 걸쳐 열린 정치자금 모금 파티에서 거둬들인 총 2623만 엔의 수입이었습니다.

사진15. 재가동을 둘러싼 '사전공모'가 벌어지고 있는 겐카이 원전(사가 현 겐카이 시)

'사전공모 메일 사건'의 배경

도쿄도 시부야(渋谷)구에서 개최된 '후루카와 야스시 격려모임'에 514명이 파티 초대권을 구입, 1925만 엔이 모였습니다. 정치자금규정법에 따르면 구입액이 20만 엔을 넘지 않는 경우 수지보고서에 이름을 기재하지 않아도 됩니다. 그렇다 보니 후루카와 지사의 파티도 초대권 구입자의 실태가 불투명했습니다.

그런데 큐슈전력이 파티 초대권을 구입하고 계열회사 등에도 구입을 종용했다는 사실이 지방신문의 보도를 통해 밝혀졌습니다.

지사를 위해 파티 초대권 구입 알선까지 한 것입니다. 구입을 종용받은 기업에 대해 큐슈전력(홍보담당)은 "개별적으로나 구체적으로 답할 수 없다"는 입장을 표명했지만, 그들의 친밀한 관계가 결국 수면 위로 떠오르게 된 것입니다.

하지만 큐슈전력은 이 후루카와 지사의 "발언이 사전공모 투고에 결정적인 영향을 주었다"고 확인했던 제3자위원회의 최종보고서를 인정하려 하지 않습니다.

겐카이 원전 2, 3호기의 운전재개를 위해 경제산업성이 주최한 사가 현민 대상 '설명프로그램'(2011년 6월 26일) 개최에 맞춰 큐슈전력은 자사직원과 관계사 사장들을 조직해 '운전재개지지' 이메일을 보내도록 했습니다.

프로그램 5일 전 큐슈전력 단가미 마모루(段上守) 부사장과 사가 지점장이 지사공관을 방문했습니다. 당시 지사는 "발전재개를 용인하는 입장에 서 있는 사람들도 인터넷을 통해 의견과 질문을 보냈으면 좋겠다"고 요청했고 그 상세한 발언내용을 사가 지점장이 메모해 직원들에게 메일로 흘렸습니다.

메모의 전문(全文)은 사가 현 의회에서 공개되었습니다. 그러나 후루카와 지사는 "사전공모 메일을 요청한 적 없다"고 부인했습니다. 큐슈전력도 사가지점장의 메모가 부정확하다며 책임이 자사 직원에게 있다고까지 하면서 지사를 비호하려 했습니다.

큐슈전력에 있어 후루카와 지사는 원전추진을 위해 반드시 필요한 존재입니다. 그렇다 보니 원전 재가동을 위해 회사에 대한 비판을 감수하면서까지 지키려 했던 것입니다.

후쿠오카 현의 자민당 관계자는 "후루카와 지사가 책임을 인정하고 사임한다면 곤란해지는 것은 큐슈전력 뿐만이 아니"라면서 다음과 같이 지적했습니다.

"원전에는 그 건설부터 운영에 이르기까지 거대한 이익구조가 존재하고 있다. 여기에 산업계도 정치인도 편승해 큰 혜택을 받고 있다. 그런데 '사전공모' 문제가 지사 책임으로 비화된다면 이 이권구조 자체가 붕괴되어 버린다."

큐슈전력 회장 친인척 기업의 수주

'종업원 4명 정도의 회사가 큐슈전력 관련 공사를 연간 1억 엔어치나 수주' - 큐슈전력 본사가 소재해 있는 후쿠오카 현의 지사에게 전달된 건설업자의 공사경력을 현청 담당부서에서 열람해 보았더니 이처럼 부자연스러운 실태가 드러났습니다.

겐카이 원전(사가 현), 센나이(川内) 원전 등 규슈전력 관련 공사를 수주했던 건설업자들 가운데 기업규모에 어울리지 않는 공사를 도급받았던 경우들이 시선을 끌었습니다. 건설업법에 따르면 수주공사를 다른 업자에게 통째로 떠넘기는 것은 금지되어 있지만, 원전 관련 공사에는 늘 이렇듯 불투명성이 뒤따릅니다.

후쿠오카 시 주오(中央)구의 건설회사인 A사(자본금 1000만 엔). 종업원 4명뿐인 기업이지만 거대 종합건설사 타이세이건설의 하도급 공사를 큐슈 각지에서 계속 수주하고 있습니다. 타이세이건설은 센나이 원전 건물을 지었습니다.

큐슈전력 관련 공사에서도 원전 구조물 건설 등을 하도급으로 수주했습니다. 큐슈전력 관련 수주액만 연간 약 1억 엔에 달합니다.

취재진이 직접 찾아가 보았더니 이 회사는 고작 임대아파트의 방 하나를 쓰고 있었습니다. 인터폰을 눌렀지만 대답도 없습니다.

이 회사 창업자는 마츠오 신고(松尾新吾) 큐슈전력 회장의 친척입니다. 큐슈전력(홍보담당) 측은 "공사 발주는 공평·공정하게 하고 있다"고 했지만, 마츠오 회장은 "의지해 오는 친척을 도와주는 게 뭐가 나쁘냐"(<서일본신문> 2011년 9월 23일 자)는 말을 했습니다. 이 회사의 공사현장에는 건설업법이 의무화하는 전임기술자가 상주하지 않으며, 심지어 실제 공사는 다른 업자가 맡아 하더라는 이야기까지 나돌았습니다.

거대 종합건설사에서 원전 관련 업무를 담당하는 한 관계자는 다음과 같이 털어놓았습니다.

"원전 관련 공사는 수익률이 높은데다 유지보수 등으로 작업이 중단되지 않습니다. 그리고 일단 원자로 메이커가 되면 원자로의 원가라는 게 따로 정해져 있지 않기 때문에 더 큰 돈을 벌 수 있지요. 게다가 전력회사 측은 전기요금에 건설비를 포함시키면 되기 때문에 값을 후하게 쳐줍니다."

아직도 걷히지 않는 '검은 안개'

큐슈 최초로 원자력발전소가 지어진 사가 현 겐카이 시에는 원전의 '검은 안개'가 자욱하게 끼어 있습니다.

"안전성을 추궁하자면 끝이 없다" - 2011년 6월 1일 열린 겐카이초(玄海町) 의회의 원자력 대책 특별위원회에서 키시모토 히데오(岸本英雄) 읍장은 의원들과 이와 같은 논의를 주고받았습니다.

겐카이 원전 2, 3호기의 재가동 여부를 논의하던 이 위원회에서 명확하게 반대의견을 제기했던 것은 일본공산당 소속 후지우라 아키라(藤浦晧) 의원 단 한 사람. 키시모토 읍장은 의회에서 과반수의 찬성이 있었다는 것을 판단근거로 큐슈전력에 재가동을 요청했습니다.

키시모토 읍장은 친동생이 사장을 맡고 있는 건설회사 키시모토구미(岸本組)의 전무이사를 지낸 경력이 있습니다. 이 회사가 제출한 서류 등에 따르면 읍장은 현재도 이 회사 주식을 7270주나 소유하고 있어 개인으로는 두 번째 대주주입니다.

키시모토구미는 16년간(1995년~2010년) 원전과 관련해 총액 60

억 엔 이상의 공사를 큐슈전력과 그 계열사로부터 수주했습니다.

　게다가 전원입지지역 대책 교부금 및 핵연료 사이클 보조금을 활용한 '약초연구시설' 등, 겐카이초가 발주했던 23억 엔어치의 공사도 수주하고 있습니다.

　원자력 대책 특별위원회의 경우도 마찬가지입니다. 위원장인 나카야마 아키카즈(中山昭和) 의원의 친척이 경영하는 나카야마구미(中山組, 겐카이초 소재)는 2006년에서 2009년까지 원전교부금을 재원으로 겐카이초가 발주했던 도합 12개 총액 4억 엔 어치의 사업을 수주 받았습니다. 특히 나카야마 씨가 위원장으로 취임했던 2009년도에는 수주액이 2억 1000만 엔으로 급증했습니다.

　'원전 머니'의 잠식은 1호기 건설을 착공했던 1971년부터 시작되었습니다.

　당시 신문보도를 보면 이런 타이틀이 눈에 들어옵니다. "전 읍장 체포, 보상비 등 횡령 비밀구좌 개설", "어업 보상 부정(不正) 착복한 620만 엔으로 카라츠(唐津)에서 호화 유람 200여 회", "'원전의 마을'에 검은 안개" …

사진16. 1971년 3월 16일 겐카이 원전 기공식과 같은 해 겐카이초에서 일어난 일련의 부패사건을 보도한 지역신문 = 《사가신문》 3월 17일 자(왼쪽), 11월 11일 자

읍사무소 회계담당자의 공금횡령 사실이 발각되면서 시작된 이 마을의 비리는 원전부지 취득을 위해 뛰어다니던 전 읍장·기초의회 의원의 체포, 지역 어업협동조합장에 의한 배임 등으로 발전합니다.

부패의 배경에는 큐슈전력이 던져준 70억 엔이라는 거액의 자금이 있었습니다.

40년 이상 겐카이 원전을 지켜봐 왔던 토코지(東光寺)의 나카아키 키도(仲秋喜道) 주지(겐카이 원전 대책 주민회의 부회장, 82세)는 말했습니다.

"무엇보다 분했던 것은 원전이 비리의 원인인 것이 분명한데 경찰이 큐슈전력을 손끝하나 건드리지 않았다는 사실입니다. 갖은 방법을 써서 지역에 '원전으로 돈을 버는 사람'을 만든다는 지역 회유의 원형(原型)이 겐카이에서 나타났던 것입니다."

원전의 '검은 안개'는 아직도 걷히지 않고 있습니다.

후쿠시마 피난민의 목소리

"후쿠시마 원전 사고로 인한 방사선 피해 때문에 가족들과 함께 피난을 와 있는 사람입니다."

"얼마 전 본의 아니게 △△에서 ○○로 피난을 해 온 □□라고 합니다, 원전 사고 피해를 당한 사람으로서 확인해 주십시오."

이런 글들이 홋카이도청(北海道庁)에 도착한 것은 2011년 8월의 일. 마침 다카하시 하루미(高橋はるみ) 도지사가 홋카이도전력(北海道電力) 도마리(泊) 원전 3호기의 영업운전 재개를 허가해 전국의 이목이 집중되던 참이었습니다.

연락을 해 왔던 것은 도쿄전력 후쿠시마 제1원전 사고로 홋카이도에 피난을 와 있던 후쿠시마 현민들이었습니다. 문서는 다카하시 지사에게 "정말로 재개가 필요한지 충분히 논의하셨습니까?" 등, 다섯 가지 항목에 대한 확인을 요구했습니다. (사진 17 참조)

또 다른 메일에서 가족들과 함께 피난 왔다는 어떤 사람은 "후쿠시마 현지사가 플루서멀(Plu-thermal)[12] 발전을 용인한 지 얼마

TITLE: 泊原発の再稼働に関して

NAIYOU_R: はじめまして。
福島原発事故での放射能被害により家族で避難した者です。

私は [ ] に住んでおりました。福島県知事がプルサーマルを容認して間もなく原発事故が起こり、あれほど安全だと言っていたにも関わらずとんでもない被害を及ぼし、何の恩恵も受けていない上に真面目に働いて税金を納めてきた私たちに対し、何の保障もありません。日本という社会でこのような扱いを受ける事になるとは信じられませんでした。

TITLE: 泊原発3号機の運転再開に関しまして

NAIYOU_R: 先日、不本意ながら [ ] から [ ] に避難した [ ] と申します。
原発事故の被害を被った者として確認させて下さい。

原発の運転再開を認めると言うことですが
下記5つの質問のお答えを頂けますでしょうか。
もし議論の内容が分かる議事録等がありましたら
併せて確認をさせてください。

1、再開の理由を教えてください。
2、原発以外のエネルギー政策の議論は十分にしたのですか?
3、原発以外で雇用を創出する議論は十分にしましたか?
4、本当に再開が必要か議論は十分にしましたか?
5、事故が起きた際のすべての責任はどのように取りますか。
・福島第一の事故が泊で起きたと仮定して具体的に教えてください。

사진17. 후쿠시마에서 온 피난자들이 홋카이도청으로 보내온 메일
(검은 부분은 개인정보 보호를 위해 도청에서 가린 것)

되지 않아 원전사고가 일어났고, 그렇게 안전하다고들 이야기해 왔음에도 불구하고 피해가 미쳤으며, 어떤 혜택 하나 받지 못하면서도 성실히 일하면서 꼬박꼬박 세금을 내 왔던 우리들에게는, (이제) 아무런 보장도 없습니다. 일본이라는 사회에서 이런 취급을 받게 될 줄이야…" 라며 절절하게 내용을 이어가고 있습니다.

<신문 아카하타>가 정보공개를 통해 입수했던, 2011년 7월 1일부터 재개에 대한 승인이 떨어진 8월 17일까지 도청에 전해진 원전에 관한 주민의견은 모두 219건. 그 가운데 운전재개를 요구하는 찬성 의견은 불과 한 건뿐이고 반대 의견이 212건(불명 6건)이나 되었습니다. 의견을 보내온 사람들은 대부분 도내에 살고 있는 개인들로 파악되고 있습니다. 의견의 압도적 다수는 영업운전 재개에 반대했지만 다카하시 지사는 8월 17일 재개를 용인했습니다.

이날 열린 회의에서 "도민들의 이해를 얻었다고 생각하느냐"는 기자의 질문에 다카하시 지사는 "어제 (도의회의) 위원회 방청

석에 와 계시던 분들 중 대부분이 원전에는 '절대반대' 입장에 서 계셨다고 본다"며 단정적으로 발언했습니다. 하지만 겸허하게 귀를 기울이는 태도는 느껴지지 않았습니다.

하지만 8월 26일 자 <신문 아카하타>의 특종으로 인해 상황은 급변하게 됩니다.

2008년 10월 홋카이도와 도마리 원전 소재지역 4개 기초단체들이 주최한 공개심포지엄에서 있었던 홋카이도전력의 '사전공모'가 드러났던 것입니다.

이 심포지엄에서 홋카이도전력은 '플루서멀 계획에 관한 공개심포지엄 참가협력에 대하여'라는 제목의 문서를 작성했고 "플루서멀 계획을 확실하게 진전시키기 위해서라도 다수의 분들이 참가해서 추진 의견을 제출해 주셔야 한다"고 적어 놓았습니다.

그리고 홋카이도전력 도마리 사무소 섭외과(涉外課)는 이 문서를 도마리 원전 내 21개 부서에 메일로 발송했습니다. 결국 <신문 아카하타> 보도가 나갔던 2011년 8월 26일 밤, 홋카이도전력

'사전공모 메일 사건'의 배경

은 긴급회견을 열어 '사전공모' 사실을 인정했습니다.

또한, 같은 달 31일 <신문 아카하타>로부터 다시 한 번 추궁을 받고 2008년 8월에 열린 자원에너지청 주최 심포지엄에서도 '사전공모'가 있었다고 인정했습니다. 그러나 이 심포지엄에 대해 홋카이도전력은 7월, '사전공모'를 부정하는 대정부 보고를 냈습니다. 1개월 이상 정부와 도민을 속였던 것입니다.

그 후 홋카이도전력이 설치한 제3자위원회(위원장 · 이치카와 시게키 변호사) 조사에서 도가 주최한 심포지엄에 홋카이도전력이 사원 등이 포함된 300명의 인원을 동원하려 계획했다는 사실이 드러났습니다. 심포지엄 장소인 이와나이초(岩內町) 홀의 정원은 500명. 계획대로라면 홋카이도전력의 동원인력이 참석인원의 60%를 채우게 되는 상황이었습니다.

심포지엄 당일 현장에서 진행된 앙케이트에서는 단지 51%만이 "의문사항이 충분히 거론되었다"는 등 긍정적인 대답을 내놓았습니다. 다카하시 지사가 플루서멀 도입을 승인하는 근거로 삼

앞다던 '여론'은 가짜였던 것입니다.

상층부에 올라온 보고

"이 메일을 당신이 받았다는 기록이 남아 있습니다. 읽었던 기억이 있으시지요?"

"읽은 것 같기는 한데, (내용은) 잊어버렸습니다."

홋카이도전력 간부들은 조사에 나와 거의 이런 식으로 대답했다고 합니다. 여기서 메일이란 '사전공모'에 협력한 사원들의 근무 처리 등, 앞서 언급했던 공개심포지엄에서의 인력동원과 관련된 내용을 보고한 것이었습니다.

'사전공모' 문제로 홋카이도전력이 설치했던 제3자위원회의 관계자는 조사 당시의 상황에 대해 다음과 같이 회고했습니다.

"사정 청취를 위해 불려나온 사원은 입이 무거웠다. PC의 데이터를 입수할 수 없었기 때문에 '잘 몰랐다'는 식으로 이야기를 몰고 가도 어찌할 도리가 없었다."

스스로 설치한 제3자위원회의 조사에서조차 입을 굳게 다물었던 홋카이도전력. 그럼에도 제3자위원회는 2008년에 진행된 네 번의 심포지엄 등에서 있었던 '사전공모'를 인정했습니다. 이

네 번의 심포지엄은 ① '의견을 묻는 모임' - 홋카이도청, 도마리무라(泊村), 교와초(共和町), 이와나이초, 가모에나이무라(神恵内村) 등 4개 기초단체 공동주최, (5월 30일부터 6월 1일까지 3회 개최), ② 경제산업성 자원에너지청 주최 심포지엄(8월 31일), ③ 홋카이도청·4개 기초단체 주최 심포지엄(10월 12일), ④ 플루서멀 계획에 관한 의견모집(실시자는 홋카이도청과 4개 기초단체, 5월부터 7월) 등입니다.

모든 심포지엄에는 홋카이도전력 사원들이 동원되었고 '각본에 의한' 질문이 이루어졌습니다. 참가한 사원들은 모두 현장 앙케이트에서 플루서멀에 대해 긍정적인 의견을 쓰라고 요구받았습니다.

의견모집에 있어서도 사전에 8가지 예문을 만들어 놓고 도청에 추진의견을 집중시키려 했던 사실이 판명되었습니다.

또한, 제3자위원회 조사에 의해 도청의 원자력안전대책과 직원이 "반대의견이 많으니 현지로부터 반대파의 주장을 부정하는 의견을 내주었으면 한다"면서 홋카이도전력 측에 '사전공모'를 제안했던 일도 발각되었습니다.

하지만 보고서에는 "본사를 포함한 상당수의 부서가 조직적으로 간여했던 사실이 드러났다"면서도 임원 등과 같은 회사의 수뇌부에 대해서는 "적극적으로 지시했다고 인정할 만한 증거를 찾지 못했다"고 적혀 있었습니다.

사토 요시타카(佐藤佳孝) 사장 등 홋카이도전력 수뇌부는 이 부분을 편의대로 해석했습니다. 2011년 10월 26일 도의회에 참고인으로 소환된 간부들은 "임원진의 직접적인 관여는 없었다고(제3자위원회) 보고받았다"며 추궁을 피했습니다.

홋카이도전력 측의 이러한 발언에 제3자위원회 관계자는 심포지엄 당일 발언을 시키는 '사전공모' 질문 준비나 문안 등에 대해 "하부로부터 상부로 보고하는 메일은 있었지만, 상부에서 하부로 지시하는 메일은 조사과정에서 확인되지 않았다. 그래서 이렇게들 표현했던 것이다. 하지만 (메일을) 받았던 사실은 (분명히) 있었기 때문에 최소한 간부들이 '사전공모'를 묵인했다는 것만큼은 틀림이 없다"면서 불쾌감을 드러냈습니다.

그러나 사토 사장은 '사전공모'에 대해 인식하고 있었는지의 여부에 대해 "모른다. 현장에서 (그들 나름대로) 바람직하다는 판단 하에 열심히 한 결과 일어난 일"이라면서 남 말 하듯 얼버무릴 뿐이었습니다.

한 홋카이도전력 관계자는 "플루서멀 도입에 대한 승인을 얻기 위해 분명히 행정당국과 소통하며 지역 여론에도 신경 쓰고 있었을 것이다. 사토 사장이 그것을 모른다니 믿어지지 않는다. 사장에게 올라갔던 다른 형태의 보고, 그러니까 메일 뿐만이 아니라 구두(口頭)나 문서 형태로 이루어진 보고들에 대해서도 조사해 봐야 할 것"이라며 고개를 갸웃거렸습니다.

이 회사에는 원자력 대책을 총괄하는 부서인 원자력추진본부가 있습니다. 당시 사토 사장은 바로 이 부서의 본부장도 맡고 있었으며, 그 외에도 부사장이 본부장 대리, 상무이사가 부본부장을 각각 겸임하는 체제였습니다.

관계자가 말을 이었습니다.

"멤버가 중요시되기 때문에 회사의 이사회가 추진본부회의 또한 대신 떠맡고 있다고 들었다. 그렇다면 모든 임원들이 '사전 공모'에 대해 알고 있었다는 이야기다."

홋카이도전력은 그나마 2008년 이외의 '사전공모'에 대해서는 조사조차 하지 않을 것이라고 합니다. 애초부터 '신뢰 회복'에는 관심조차 없이 은폐를 생활화하고 있는 그들의 자세가 엿보이는 대목이라 하겠습니다.

각 분야에 퍼져 있는 지배의 네트워크

　전력회사들에 의한 '사전공모' 심포지엄의 운영을 수없이 위탁받아 왔던 재계의 싱크탱크 '일본생산성본부'. 전력회사, 원자로 메이커 등의 간부들이 임원으로 이름을 걸어 놓고 업계 입장에서 원전 홍보를 담당해 왔습니다.

　홋카이도전력의 '사전공모'가 발각된 2008년 8월 정부주최 플루서멀 심포지엄 운영을 위탁받았던 곳도 생산성본부입니다. 홋카이도전력 측은 행사장의 구역 구분과 발언자의 지명방법 등을 생산성본부 측 담당자와 상의해 가면서 '사전공모'의 '무대 연출'을 했습니다.

　생산성본부의 지방조직인 홋카이도생산성본부는 역대 회장 8명 모두 홋카이도전력의 간부입니다. 전무이사 등과 같은 사무책임자도 전부 홋카이도전력 사원들이 맡아서 했습니다.

　심지어 7개 지부 중에 6개 지부는 사무소가 홋카이도전력의 각 지점 안에 설치되어 있습니다.

　지역 재계의 사령탑인 홋카이도경제연합회도 마찬가지입니

다. 이 단체 회장은 홋카이도전력 회장의 '지정석'입니다.

홋카이도전력의 지역 지배는 경제 분야에서만 이루어지고 있는 것이 아닙니다.

에너지관련 계발업무를 맡고 있는 '홋카이도 에너지 토크(Energy Talk) 21'이라는 단체가 있습니다.

한 홋카이도전력 관계자는 "실질적으로는 홋카이도전력이 (이 단체를) 만든 것이다. 이 단체에는 홋카이도전력의 노조 출신들이 대거 관여하고 있으며 경제계도 지원하고 있다. 2부로 구성된 강연회를 자주 개최하는데, 2부에서는 학자들이 '원전은 안전'하다는 내용을 담은 강연을 진행하고, 그 전에는 유명한 아나운서 등이 출연해 원전과는 무관한 부드러운 이야기를 하며 분위기를 띄운다. 그렇게 폭넓은 대중을 현혹시키는 것이 이곳의 역할"이라고 지적했습니다.

이 에너지 토크의 관련 단체가 있습니다. 그 하나는 여성들을 대상으로 한 '에네 피메일(Ene Female) 21' 그리고 다른 하나는 교육현장을 타깃으로 한 '홋카이도 에너지 환경 교육 연구위원회'입니다.

이 연구위원회는 지역 내 교사를 대상으로 원자력 관련 시설 견학행사를 개최하고 있습니다. 또한, 학습회에서는 홋카이도전력 사원이 강사를 맡아 현역 교사들과 현장에서 교류를 진행합니다.

이와 같은 홋카이도전력의 네트워크는 도의회에도 예외 없이 뻗쳐 있습니다.

심지어 현직 홋카이도전력 사원 신분으로 삿포로(札幌) 시 히가시(東)구에서 선출된 민주당 도의원이 원전문제를 심의하는 산탄(産炭)지역 진흥 · 에너지문제 조사위원회에 소속된 경우도 있습니다. 소득 보고서 등에 따르면 이 의원은 의원으로서 받는 보수 외에도 '홋카이도전력 유니언(union) 특별집행위원' 자격으로 홋카이도전력 노조인 홋카이도전력 유니언으로부터 매년 900만 엔 남짓의 급여를 받는 특권을 누리고 있습니다.

홋카이도전력 관계자는 "도의원 외에도 다키카와(滝川), 하코다테(函館) 등 큰 발전소나 지점이 있는 기초단체에도 전 노조간부 출신 '사원의원'이 꽤 있다"면서 말을 이었습니다.

"'사원의원'의 역할은 의회에서 홋카이도전력의 이익을 대변하는 것이다. '사전공모'를 추궁할 때의 그 무딘 모습을 보면 잘 알 수 있다."

'사전공모'의 일익을 담당하는 원자로 메이커

　홋카이도전력에 의한 '사전공모'가 처음 발각된 것은 1999년의 일입니다. 당시의 '사전공모'는 홋카이도전력이 도마리 원전 3호기 건설과 관련, 홋카이도청이 진행한 설문조사에 사원이 '찬성' 의견을 내도록 요구하는 형태로 이루어졌습니다. 이를 지시했던 사내의 '극비' 문서에는 "사내에서의 발신은 안 된다" 등, 세심한 경고와 더불어 "주부 입장에서 보더라도 원자력은 필요하다고 생각합니다" 등과 같은 의견의 예시까지 첨부되어 있었습니다. 홋카이도전력에 의한 '사전공모' 수법은 이미 이 무렵부터 확립되었다고 말할 수 있겠습니다.

　2000년 홋카이도 내 5개 지역에서 진행된 '도민의 의견을 듣는 모임'에는 원전으로 이익을 본 사람들이 일반 도민으로 위장하고 참석해 찬성 의견을 냈습니다. 그 숫자는 최소한 80명 정도. 개중에는 원자로 메이커인 미쓰비시중공업과 거대 종합건설사인 타이세이건설 등의 사원들이 포함되어 있었습니다.

　미쓰비시중공업의 경우 홋카이도지사 소속의 사원 세 사람이 참가했다는 사실을 <신문 아카하타>의 취재를 통해 인정했습니다. 미야모토 타다아키(宮本忠明) 미쓰비시중공업 부지사장은 행사장에서 나눠준 조사용지에 "하루라도 빨리 플루토늄과 고속 증식로 이용을 추진해 핵연료 사이클을 완결해야 한다"고 적었습니다.

또한, 반대 의견에 대해서는 "이런 무책임한 사람들의 의견에 홋카이도의 장래를 맡길 수 없다"면서 적의(敵意)를 드러냈습니다.

심지어 나중에 지사장이 되는 아키요시 키요시(秋吉清司) 씨의 경우 "오늘 행사장 분위기를 보면 침묵하는 다수파의 의견이 거의 반영되지 않았다"면서 행사장에서 나온 '반대' 의견에 대해 마치 도민의 여론이 아니라는 듯 기술해 놓았습니다.

이 모임이 있은 후인 2003년 11월 도마리 원전 3호기의 건설이 시작되었습니다. 건물을 수주 받은 것은 타이세이건설, 원자로는 미쓰비시중공업이 맡았습니다.

착공 후 조금 시간이 흐른 시점이던 2004년, 미쓰비시중공업의 미야모토 씨와 아키요시 씨는 계열사인 '홋카이도 서비스 엔지니어링'의 이사가 되었습니다.

이 회사는 도마리 원전이 소재한 도마리무라에 본사를 두고 발전시설의 보수나 운전관리를 주 업무로 하는 기업입니다. 특히 미야모토 씨는 나중에 이 회사의 대표이사로까지 취임했습니다.

홋카이도에서는 2008년 도마리 원전 3호기에 대한 플루서멀 도입 요청이 이루어졌고, 이듬해인 2009년 다카하시 하루미 지사가 이를 승인했습니다.

이 과정에서 2010년 미쓰비시중공업의 홋카이도 지사장에 취임하게 되는 스나미 가즈히로(須波和博) 씨의 전직은 고속증식로를 설계하는 미쓰비시FBR시스템의 업무부장입니다. 후에 그는 홋카이도 서비스 엔지니어링의 이사로 취임했습니다.

미쓰비시그룹이 홋카이도에서 가히 '원전 시프트(shift)'라 부를 만한 인사배치를 전개했다는 사실이 명확합니다.

이는 미쓰비시중공업의 공사이력서를 보더라도 잘 알 수 있습니다. 미쓰비시중공업은 2009년과 2010년 2년간의 실적만 놓고 보더라도 간사이전력 다카하마·오오이 원전, 큐슈전력 겐카이·센나이 원전, 일본원전의 쓰루가 원전 등은 물론, MOX연료공장 공사 등 총액 1080억 엔어치의 14개 공사를 모두 수주했습니다.

원전 분야에서의 거대한 이익을 확보하기 위해 모든 일을 오직 자신들에게 유리한 방향으로 이끌고 한 발 앞서 길을 닦아 놓는가 하면, 심지어 '사전공모'에서 일익을 담당하는 일까지 마다하지 않는 – '원전이익공동체'식 '상술'의 일면이 드러나고 있다 하겠습니다.

정부의 비호 아래서

　원전추진을 둘러싼 '사전공모' 문제에서 간과할 수 없는 것은 바로 정부의 관여입니다. 경제산업성의 제3자위원회(위원장 오오이즈미 타카시 변호사)가 2011년 9월 30일 정리한 최종보고서는 원전 관련 심포지엄이나 주민설명회에 자원에너지청과 원자력안전 · 보안원이 관여했던 사례가 일곱 건이나 있었다고 인정했습니다. 이를테면 큐슈전력 담당자와 협의하면서 원자력안전 · 보안원의 과장이 "큐슈전력 관계자도 대거 참가해 의견을 내라"고 요청(큐슈전력 겐카이 원전 플루서멀 심포지엄, 2005년 10월 2일)하는가 하면 홋카이도전력 담당자는 직접 자원에너지청을 방문, "추진파 입장에서의 발언도 준비시켜 줄 것을 부탁한다"는 의뢰를 받기도 했습니다(홋카이도 도마리 원전 플루서벌 심포지엄, 2008년 8월 31일).

　한 홋카이도전력 관계자는 다음과 같이 지적합니다. "'사전공모'의 경우를 봐도 그렇지만 경제산업성이 전력회사를 주도하고 있다. 원전은 그들에게 있어 포기할 수 없는 이권이기 때문에 그것을 지키기 위해서는 수단방법을 가리지 않는다."

경제산업성 발표(2011년 5월 2일)에 따르면, 과거 50년간 12개 전력회사에 임원이나 고문으로 재취업했던 퇴역관료가 무려 68명에 이른다고 합니다. 현역 임원·고문으로는 11개사에 13명이 취임해 있습니다. 도쿄전력의 경우 역대 부사장은 사실상 낙하산 인사의 '지정석'이었습니다.

또한, 원자력 관련 공익법인이나 독립행정법인에도 경제산업성 출신 '낙하산'들이 대거 포진해 있습니다. 자원에너지청으로부터 원전 관련 '사전공모' 심포지엄 운영을 몇 번이나 위탁받아온 '일본생산성본부'에는 후쿠가와 신지(福川伸次) 전 통상산업성 사무차관이 평의원(評議員)으로 있습니다.

한편으로 이러한 단체에는 경제산업성으로부터 원자력 관련 보조금이나 위탁금이 강물처럼 흘러들어 그 액수가 연간 무려 130억 엔을 넘는다는 사실이 지적되고 있습니다.

게다가 흘러들어간 공금을 둘러싼 석연치 않은 일들도 끊이지 않습니다. 2005년에는 경제산업성(자원에너지청)이 '일본생산성본부'에 위탁했던 사업인 '원자력 무엇이든 상담실'의 운영과 관련, 출장여비와 사무실 임대료로 1억 엔의 예산이 허위로 계상되었던 사실이 발각되었습니다.

경제산업성의 '사전공모' 관여를 지적한 제3자위원회 최종보고서는 다음과 같이 경고하고 있습니다.

"자원에너지청 및 보안원의 수뇌부 및 구성원들도 (원자력 행정에 있어서) 공정성·투명성이 불가결하다는 인식이 극히 희박하며 ⋯ 조직으로써 그 문제점을 인식조차 하지 못하고 방치해 왔다." "국민들의 불신감을 불식하고 신뢰를 회복하는 일은 여간한 노력으로는 불가능하다."

전력회사와 원자로 메이커, 종합건설사 등의 대기업, 그리고 정치가와 관료 등이 한데 어우러져 벌이고 있는 원전이익공동체의 향연. 위험하기 짝이 없는 원전으로부터 국민의 목숨을 지키려는 자세는 털끝만큼도 보이지 않습니다.

제5장

차별과 억압을 넘어서

도쿄전력 노동자에 대한 전제적 지배

"조합 임원 선출시기를 선택해 (공산)당원, 민청동(일본민주청년동맹) 등을 물리칠 양식파(良識派)의 육성·선출을 도모한다.", "용공좌파를 … A, B, C급으로 구분해 대책을 강구한다." 1960년대 중반 도쿄전력이 노무대책을 위해 작성한 내부 문서입니다.

이 문서에는 "악영향을 끼쳤다고 여겨지는 사람에 대해서는 … 배치전환을 하고", "아무리 열심히 일하더라도 … 승급(昇級)시 사정액(査定額)을 '제로(0)'로 한다" 등, 헌법을 무시한 부당한 공격이 열거되어 있었습니다.

도쿄전력은 상무회(常務会) 등에서 이와 같은 방침을 결정하고 일본공산당원이나 지지자들을 감시·억압하는 전제적 지배를 추진한 바 있습니다. 이윤 우선의 경영이나 노동강도 강화 등에 반대하는 노동자들을 탄압했습니다. 그리고 '원전추진'이 이뤄지면서 이와 같은 움직임이 더욱 강화되었습니다. 당시 전력업계는 전후 전국조직인 일본 전기산업 노동조합의 투쟁이 고양되어 있는 상황이었습니다. 1950년 레드 퍼지(red purge)[13]로 인해 수

많은 공산당원이 일터에서 쫓겨났음에도 불구하고, 기업별 노조가 조직된 이후 국민을 위한 전력사업, 노동자 생활향상 등을 요구하는 운동의 불길이 꺼지지 않고 확산되었기 때문입니다.

　가나가와 현의 도쿄전력 사업장에서 일했던 하라 노부오(原信夫) 씨(65세)도 당시 부당한 차별을 경험했던 사람 중 하나입니다. 하라 씨는 노조활동이나 청년 집회 등에서 발언하는 등 적극적인 활동을 했다는 이유로 임금차별이나 직장에서의 따돌림 같은 온갖 차별을 받아야 했습니다.

　"부서 전체가 참여하는 회식자리에조차 부르지 않더군요. 회사의 뜻대로 움직이는 노동자를 만들기 위한 '본보기'였던 겁니다." 같은 가나가와 현 소재의 쓰루미(鶴見) 화력 발전소 등에서 일했던 아리사카 나오유키(有坂直幸) 씨(70세)도 입사 2년째에 혼자만 '마이너스 사정(査定)'을 받았습니다. 아리사카 씨가 말했습니다. "사택 입주 신청서도 받아주지 않았어요. 다함께 야식을 먹을 때도 나는 늘 혼자였고 당연히 별식도 없었습니다. 사실상 전사적 차원에서 이뤄진 일들이었지요. 전향을 강요당한 동료도 있었습니다.”

공격대상은 공산당원에서 멈추지 않았습니다. 1969년 당시 29세로 본점에서 근무했던 타니구치 에이코(谷口栄子) 씨는 발간을 주도하던 동인지가 문제시되어 지사 전근을 강요당했습니다.

“여사원으로서 동화나 수필 같은 것을 썼을 뿐인데, 도쿄전력이 자발적으로 모임이나 잡지를 만드는 것 자체를 문제시했던 겁니다. 지사에 가 보니 이미 ‘빨갱이’라는 꼬리표가 붙어 있었습니다.”

1974년 2월 야마나시(山梨) 지점 엔잔(塩山) 영업소에서 일하던 와타나베 레이코(渡辺令子)씨도 돌연 상사에게 불려가 “당신 공산당원인가? 공산당원이 아니라면 서면에 적어 제출하라”고 강요받았습니다.

와타나베 씨는 독실한 크리스천으로 평화문제에 대한 서명운동을 하고 있었는데, 바로 그것이 문제가 되어 공산당원으로 몰리게 된 것이었습니다.

'마음속까지 회사가 휘두르려 하고 있구나' 하는 생각에 소름이 끼친 와타나베 씨는 이 일을 고후(甲府) 지방재판소에 제소했습니다. 그리고 1976년에는 도쿄전력 각 사업장에서 일하던 일본공산당원 및 지지자 142명이 각각 1개도 5개현 지방재판소에 회사를 제소, 차별철폐를 요구하며 법정에 섰습니다. (1991년 29명이 2차로 제소)

무모한 '원전추진' 노선의 배경에는 각 전력회사와 연구기관에서 원전의 위험성을 우려하는 사람들을 차별하고 올바른 판단을 막는 '전제 지배'가 도사리고 있었던 것입니다.

경찰 · 공안과 일체화

도쿄전력에 의한 차별과 억압은 일본공산당원과 그 지지자들의 사생활에까지 미쳤고 심지어 결혼식조차 그 무대가 되었습니다.

도쿄전력에 사상차별 철폐를 요구했던 군마(群馬) 현 재판의 원고인 이이다 요시히로(飯田至弘) 씨(71세)는 1970년 22명의 회사 동료에게 청첩장을 보냈습니다. 회사는 청첩장을 받은 동료들에게 압력을 가했고, 그 결과 다섯 명 남짓의 동료들이 결혼식 참석 여부에 대해 아무런 대답도 하지 않았습니다.

심지어 청첩장을 받았을 때만 해도 참석하겠다고 했던 입사 동기 한 명은 결혼식 전날 전화를 걸어와 "역시 힘들 것 같다. 축의금만 보낼게"라며 미안한 기색을 감추지 못했습니다.

"직장 동료들 사이의 우정마저 짓밟았던 회사를 지금도 용서할 수 없다. 그는 재판이 진행되던 당시 내 흠을 들추는 진술서를 쓰라던 회사 측 요구를 줄곧 거절한 친구였다"고 이이다 씨는 회고했습니다.

노동자에 대한 도쿄전력의 감시와 억압은 경찰·공안과 하나가 되어 이루어졌습니다. 실제로 재판이 진행되던 과정에 원고 측에 전해진 도쿄전력 내부 문서에는 치안당국과 유착한 노무관리의 생생한 실태가 기록되어 있습니다.

1966년 큐슈전력 노무담당자 회의에 참석했던 도쿄전력 노무담당자는 '공안조사청, 경찰 등과 긴밀한 연락을 통해' 당원을 리스트 업(list up)해 놓고 있다는 보고를 했습니다. 실제로 당국으로부터의 정보와 평소의 스파이 활동 등을 근거로 전사적 차원의 블랙리스트(사진18 참조)가 작성되었습니다.

1968년 도쿄전력 군마 현 지점에서 개최된 관리자 연수회에서는 군마 지방공안조사국장이 직접 강사로 나와 일본민주청년동맹 회원의 식별방법 등에 대해 설명했습니다.

共産党ならびに民青同盟に対する労務対策

(1) 動向の把握

公安調査庁、警察関係と連絡を密にし、又良識ある総合機関とも十分な連絡関係を結び、民青同盟関係の動向の把握と情勢の事前キャッチに留意し、会社側であやしいと考えられる者については率先して警察等と連絡をとり関係を密にし誠意をもってお互に話しあえる態勢をとっており、危険人物と目されるものには、A（日共党員）、B（AとCの中間層）、C（民青同盟員）等のランクをつけ、リストアップして問題発生の場合には適確な処置のとり得るよう好処している。

사진18. (상) 9개 전력회사의 노무담당자 회의에서 도쿄전력 담당자가 보고했던 노무대책 내용.
(하) 1966년 도쿄전력 군마 현 지점의 노무계장이 작성한 블랙리스트.
　　　'우리 지점 좌익 그룹의 현상'이라는 제목으로 "최근의 동향은 극히 활발하며 …
　　　관리에 일조할 수 있도록 한다" 등의 내용이 기록되어 있다.

감시와 차별은 심지어 지역 주민들에게까지 미쳤습니다.

1970년대 오일쇼크 후의 전기료 인상이나 공해문제, 원전 반대 등의 이슈와 관련한 사회운동이 고조됨에 따라 도쿄전력은 엄중한 비판여론에 부딪히게 되었습니다. 그 대책 차원에서 도쿄전력은 주민 상담을 진행하거나 지역 자원봉사 활동에도 참여하는 등 이른바 '서비스 활동'을 추진하게 됩니다.

하지만 이러한 활동의 이면으로 도쿄전력은 원전과 요금 인상에 반대하는 주민들의 동향에 대해 회의에서 개인의 이름까지 거명하며 보고하게 했습니다. 말단 영업창구 담당자나 요금계(料金系) 직원들이 입수한 주민들의 사상이나 신념까지 포함된 개인정보가 본사로 흘러들었고, 그 과정에서 원전에 반대하는 주민들을 지역의 발전소 견학행사에서 제외시키는 안건 등이 논의되었습니다.

"주민들에게까지 이런 짓을 했단 말인가." (도쿄전력) 도쿄도 재판의 원고이던 이나토미 츠토무(稲富勉) 씨(67세)가 지역 원전 견학행사에 대한 이야기를 털어놓자, 행사에 참가했던 이들은 경악을 금치 못했습니다.

"원전에 반대하는 사람들은 견학투어에 데려가지 않았다." 군마 현 재판의 원고로, 한때 도쿄전력 영업과에서 일했던 가네마쓰 스스무(兼松進) 씨(71세)의 이야기입니다.

1980년대 후반 이후 도쿄전력은 '안전 신화'를 선전하기 위해 지역 주민들에게 후쿠시마 제1, 제2, 카시와자키 카리와 원전 등 원자력 관련 시설을 견학하는 버스투어를 실시했습니다.

이 행사는 지역의 주민회나 부녀회 등을 대상으로 했지만, "원전에 반대하는 주민 참여는 '예산 사정으로 조정이 불가능하다'는 등의 이유를 들어 거절했다"고 합니다.

공안·경찰과의 유착관계는 지금도 변함없이 유지되고 있습니다.

도쿄전력의 경찰출신 낙하산 인사는 2011년 8월 현재 31명. 3월 말까지 원전 한 군데 당 한 명씩의 전직 경찰이 근무 중이었습니다. 도쿄전력 측은 그들로부터 "섭외 · 경비 · 요금징수에 관한 조언을 얻고 있다"고 밝혔습니다.

노조를 '좋은 파트너'로

　도쿄전력의 전제적인 직장지배와 무모한 원전추진이 계속되는 동안 노동조합은 어떤 역할을 했을까요?

　도쿄전력 노동조합(1951년 발족)의 전신은 전국단일 조직이던 일본 전기산업 노동조합에서 갈라져 나온 관동배전노동조합(関東配電労働組合)입니다.

　일본 전기산업 노동조합은 태평양전쟁이 끝나고 인플레가 일어났던 당시 생활급여에 근거한 임금체계를 쟁취하는 등 노동운동의 선두에 서 있었습니다. 그러나 레드 퍼지(1950년), 9개 전력회사 체제의 분열(1951년) 등을 겪으면서 노조 운동 또한 후퇴할 수밖에 없었습니다.

　그 과정에서 당초에는 경영합리화에 반대했던 도쿄전력 노조도 1960년 '경영대책 활동을 충실화'한다면서 사측에 협력하는 쪽으로 방침을 전환, '전원개발 촉진', '비용감축'을 내걸고 노사협조노선을 걷기 시작했습니다.

　노무부장으로 일본 전기산업 노동조합과 대결했던 경험이 있는 키가와다 가즈타카(木川田一隆) 씨는 '공동운명체로써의 노사', '인간존중 경영' 등의 슬로건을 내걸며 도쿄전력 제4대 사장으로 취임했습니다.

하지만 정작 그는 '좋은 파트너'를 육성하겠다며 노조에 개입했습니다. 임원선거에서는 특정 후보자에 대한 투표공작 등 온갖 수단을 동원해 일본공산당원들은 물론 투쟁하는 노동자들까지 배제시키기도 했습니다.

1966년 노조는 급기야 민주사회당(民主社会党)[14]을 지지하기로 결정, 이후 국정분야에서 전력업계의 이익을 대변하는 의원을 '일당지지'의 압박과 '일체선거'를 통해 국회로 내보냈습니다.

그가 바로 스리마일 섬 원전 사고(1979년) 직후 원전의 안전성을 묻기는커녕 오히려 "스리마일 섬에서 일어난 사고가 일본 원자력의 안전하고 올바른 개발에 지장을 주어서는 안 된다"는 발언으로 정부의 원전추진을 부채질했던 도쿄전력 노조 출신 나카무라 토시츠구(中村利次) 의원(구 민주사회당)이었습니다.

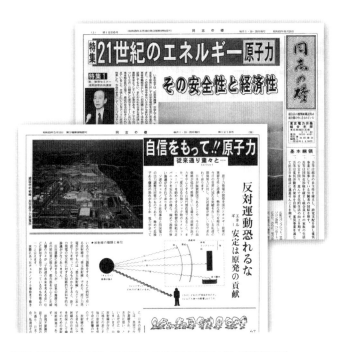

사진19. 원전추진을 호소하는 도쿄전력 노조 기관지 〈동지(同志)의 초(礎)〉(1988년)

노조는 조합원들에게 민주사회당 지지를 강요하는 한편, 사측의 사상차별을 제소하며 투쟁하던 조합원의 유인물 배포가 '특정 정당의 개입에 의한 반(反) 조직 행위'라면서 탄압했습니다.

노조는 과혹사고가 일어날 때마다 뒤에서 회사를 지원했습니다. 스리마일 원전 사고 이후에는 관련업계 노조들과 함께 '견해'를 발표하여 "일본의 원자로에서는 (생략) 일어날 수 없는 사고임을 실감할 수밖에 없었다. 불행한 사건이지만 만족감이 있다"면서 오히려 회사를 격려했습니다. 체르노빌 원전 사고(1986년) 이후에도 기관지를 통해 "자신 있게! 원자력", "반대운동을 두려워하지 말라"고 호소했습니다. (사진19 참조)

후쿠시마 원전 사고가 일어난 후인 2011년 5월 도쿄전력 노조가 노조대회에서 내걸었던 운동방침은 "도쿄전력 노조라고 해서 원자력발전의 필요성 및 추진에 대한 생각이 달라지지는 않습니다." 원전추진의 일익을 담당해 온 것에 대한 반성은 조금도 찾아볼 수 없었습니다.

도쿄전력을 단죄한 재판

19년 11개월이나 계속되었던 도쿄전력 사상차별 쟁의는 1995년 12월 25일 크리스마스를 맞아 전면 타결되었습니다. 도쿄전력 원고들이 사과하고 용서를 빎과 동시에 재발방지를 약속한 것입니다. ① 임금 시정 및 관리직 등으로 승격, ② 타결금 지불 등 획기적인 화해가 이뤄졌습니다.

이와 같은 결과를 이뤄내는 데 큰 힘으로 작용했던 것이 바로 1993년 마에바시(前橋)에서 1994년 요코하마(橫浜)에 이르는 다섯 군데 지방재판소에서 연속적으로 내려진 승소판결이었습니다. 판결은 헌법 등에 비추어 "공산당원이라는 이유로 차별한 것은 원칙적으로 위법"(고후 지방재판소)이라 규정하는 등 도쿄전력의 반공(反共) 노무정책과 원고들에 대한 사상차별을 단죄했습니다.

도쿄전력 사상차별 재판의 원고와 지지자들은 노동자에 대한 차별과 밀접한 관계를 가지고 있던 안전무시(安全無視)의 원전추진 노선을 비판하고 여론에 호소하면서 1982년 2월에는 후쿠시마 현 소마군 오다카초(相馬郡小高町, 지금의 미나미소마 시)에서 주민들과 '원전의 안전성을 생각하는 심포지엄'을 개최하기도 했습니다. (사진20 참조) 행사 당일 참가자들이 현지조사를 위해 후쿠시마 제1원전을 방문했더니 기동대가 대기하는 가운데 우익의 선전차가 '심포지엄 분쇄'를 부르짖는 무시무시한 상황이었습니다. 하지만 심포지엄은 150명도 넘는 인원이 참가하는 성황을 이루어 여러 신문에 보도되었습니다.

또한, 그들은 1990년에는 후쿠시마 제2원전 3호기의 재순환 펌프 손괴사고(1989년 1월) 후의 운전 재개에 대한 항의행동을 벌이는 등 지역 주민들과 연대투쟁을 통해 원전추진 과정에서 벌어져 온 차별과 억압에 조직적으로 항거했습니다.

도쿄 재판 원고단의 일원이었던 스즈키 쇼오지(鈴木章治) 씨(72세)는 말합니다.

"우리는 (도쿄전력에) 이익이 아니라 공기업의 책임을 우선하라고 호소해 왔습니다. 이번 원전 사고는 도쿄전력이 그간 어떤 반성도 하지 않았다는 사실을 시사해 줍니다. 근본적으로 바로잡아야 할 필요가 있어요."

후쿠시마 제1원전사고 이후 도쿄전력 사원들로부터 "정말로 폐를 끼쳐 그저 사죄드릴 뿐입니다"라는 비통한 목소리와 더불어 "사원들이 희망을 가질 만한 경영진의 메시지가 필요하다"는 의견 또한 들려오고 있습니다.

가나가와 재판 원고단에 소속되어 있던 하라 노부오 씨는 "사원들 입장에서 보면 일이 늘어나는데 임금은 줄어들어 불안이 가득하지만, 필사적으로 노력하고 있다는 얘기도 들립니다. 경영진은 (노동자들이) 아무 말도 할 수 없는 회사를 만들어 온 끝에 원전사고를 초래했던 책임을 노동자들에게 전가해서는 안 될 것입니다"라고 말했습니다.

그리고 스즈키 씨가 말했습니다. "도쿄전력은 사고 수습과 피해자 배상에 전력을 기울임과 동시에 '원전 제로'를 향한 전환을 이뤄낼 때 비로소 국민들로부터 신뢰를 회복하고 공기업으로서 책임을 완수할 수 있을 것입니다. 관건은 여론과 일터의 노동자들에게 달려 있습니다."

사진20. 원전 안전을 생각하는 조사단 = 1982년 2월 28일
      (도쿄전력 소송 원고단 · 지원을 위한 공동투쟁 중앙 연락회의의
      〈열자, 내일을! ― 도쿄전력과의 19년 2개월〉에서)

비판적 연구자, '유리감옥'에 갇히다

　방사능 전문가로 TV에서도 잘 알려진 안자이 이쿠로(安斎育郎) 리츠메이칸(立命館)대학 명예교수(71세). 그는 정부의 원자력정책을 비판하다 도쿄대학 의학부 방사선 건강관리학 교실에서 근무하던 1969년부터 1986년까지 내내 승진 없이 조교 자리에 머물러 있었습니다. 주간지에 "도쿄대 조교, '유리감옥'에서의 17년"(《주간 아사히》 1992년 10월 제30호)이라는 타이틀로 보도되었을 정도입니다.

　"출근해도 누구하나 말 걸어주는 사람이 없었어요. 교육업무에서도 제외되고. 연구발표도 허가 없이는 할 수 없다는 말도 주임교수에게 들었습니다."

　안자이 씨는 1962년 도쿄대 공학부에 전국 최초로 설립된 원자력공학과 1기생입니다. 원자력공학과는 정부가 원전추진 기술자를 양성하기 위해 만든 학과였습니다. 동기생으로는 이시다 히로토(石田寬人) 과학기술청 사무차관 등이 있습니다.

　안자이 씨는 "원자력이 무엇이 될지는 방사능을 관리할 수 있

사진21. 후쿠시마 제2원전 설치에 관한 공청회에서 의견진술을 하는
　　　　안자이 이쿠로 도쿄대 조교(당시) 1973년 9월, 후쿠시마 시

을지의 여부에 달려 있다"는 판단하에 방사선 방호학을 전공, <원자로 시설의 재해방지에 관한 연구>라는 제목의 졸업논문을 썼습니다. 그리고 점점 정부의 원전정책이 주민의 안전을 지키지 못하고 있다는 사실을 실감하게 됩니다.

결국, 안자이 씨는 1966년 과학의 자주적·민주적·종합적 발전을 지향하는 일본 과학자 회의에 가입, 정부의 원자력 정책을 비판하는 활동을 시작했습니다.

그리고 1972년 일본학술회의의 제1회 원전 심포지엄에서는 기조강연을 맡아 정부의 원전 정책에 대해 △경제 우선의 개발인가 안전 확보 우선의 개발인가 △군사적 이용에 대한 제동이 보장되어 있는가 등 '여섯 항목의 점검기준'을 제기하고 낙제점을 주었습니다.

이듬해인 1973년에는 국회에서 의견을 진술했고 같은 해 9월에는 후쿠시마 제2원전의 설치에 대한 공청회에서 원전의 안전성에 의문을 가지고 있던 주민들의 목소리를 대변하며 건설 반대

를 주장했습니다. (사진21)

대학에서의 인권침해는 그의 이러한 활동을 통제하기 위한 공격이었습니다.

"강연을 하러 가면 전력회사의 '안자이 담당'에게 미행을 당했습니다. 모든 내용은 녹음되어 학교로 보내졌고 다음날에는 어김없이 주임교수가 저를 불러 '어제 이런 이야기를 했었지'라며 다그치곤 했지요."

도쿄전력에서 파견된 옆자리의 산업의(産業医)는 학교를 떠나면서 "내 역할은 안자이 씨가 다음에 무엇을 하려고 하는지 감시하는 것이었다"고 털어놓았습니다. 심지어는 도쿄전력이 "비용을 대 줄 테니 3년 정도 미국에 유학을 다녀오지 않겠느냐"면서 회유를 시도했던 일도 있었습니다. 안자이 씨는 "연구비가 없더라도 연구는 할 수 있다"고 스스로를 격려하며 70년대 중반 전문학회의 주요 임원을 역임하는 등 활발하게 활동했습니다.

안자이 씨가 말했습니다.

"일상적으로 불쾌한 체험을 하게 만듦으로써 '개심(改心)'이나 '굴복(屈服)'을 하도록 압박하는 방식은 자유로운 비판정신에 입각해 안전성을 차곡차곡 높여가는 기술개발의 사상과는 정반대지요. 자유로운 의견 개진을 막는 정부의 원전개발이 안전할 리 없다는 것을 피부로 느꼈습니다."

전문가의 지혜를 모아

교토 시에 있는 리츠메이칸 대학 국제평화박물관. 안자이 이쿠로 명예교수는 2009년 "지긋지긋하던 도쿄대 의학부 시절을 떠올리게 하는 사건이 일어났다"고 말했습니다.

이 박물관의 시민 자원봉사단 모임에서 정기적으로 개최하는 '안자이 이쿠로 선생과 함께하는 평화 투어'가 후쿠이 현의 다카마츠 원전 견학행사를 계획했을 때의 일입니다. 투어에 떠나기 직전, 간사이전력의 담당자가 "안자이 씨께서 원전에 극렬히 반대해 왔던 분이시라는 것을 알게 되었으므로 견학을 거절하겠다"고 통보해 온 것입니다.

교섭을 담당했던 시민 자원봉사단 모임의 오카다 토모코(岡田知子) 씨는 화가 머리끝까지 나서 항의했습니다.

"안자이 선생님이 원전에 비판적이었다는 이유만으로 견학을 거부하는 것은 개인의 사상의 자유에 반하는 일입니다. 전력시설은 모든 이용자에게 공평하게 개방되어야 합니다."

다음날 간사이전력 담당자는 갑자기 태도를 바꾸어 "어제는 제 개인적 판단에 따라 이야기한 것이었고, 그래서 소장에게 꾸중을 들었다. 사죄하러 찾아뵙고 싶다"면서 전화연락을 해왔습니다. 시민 자원봉사단 모임은 나중에 사과를 하러 찾아왔던 담당자에게 "견학 허가를 사상에 근거해 판단하지 않겠으며, 이 기준을 향후에도 변함없이 유지하겠다"는 다짐을 받아냈습니다.

안자이 씨가 말했습니다. "비판자는 철저하게 거절하고 차별해 울타리 밖으로 몰아낸다는 '원전이익공동체'의 체질이 여태껏 변하지 않았다는 생각이 들더군요."

후쿠시마 제1원전 사고 발생 이후인 2011년 4월 15일 도쿄대학 원자력공학과 1기생 동기모임이 도쿄에서 열렸습니다.

안자이 씨는 아직 사고 수습도 제대로 되지 않은 상황이라는 이유로 연기를 제안했고 "다들 저 같은 사람보다 정부 기관과 훨씬 깊이 관계가 있을 테니 부디 사고 처리를 위해 각자의 자리에서 최선을 다해 달라"는 말을 전했습니다.

후일, 동기생인 사이토 신조(斎藤伸三) 전 원자력위원회 회장 대리는 안자이 씨에게 원자력 이용을 추진해 왔던 전문가 16인 명의로 정부에 '후쿠시마 원전 사고에 대한 긴급 제언'을 전달했다고 연락해왔습니다.

'긴급 제언'은 후쿠시마 원전 사고에 대해 "국민들께 깊이 사죄하고 용서를 빈다"는 입장 표명과 함께, 전문 지식의 결집과 더불어 국가적 역량을 동원하는 시스템 구축을 촉구하는 내용 등이 담겨 있었습니다.

안자이 씨는 "그간 일본에서는 수많은 학자가 자신들의 학적 권위를 동원해 원전에 신뢰성을 부여해 왔던 까닭에 비판자는 늘 억압당해야 했으며 그들의 의견에는 일고의 여지조차 주어지지 않았습니다. 바로 이런 일들이 오늘날 정부의 원전 정책을 파국 속으로 몰아넣은 겁니다"라며 말을 이었습니다.

"이러한 일들을 반성하고, 설사 원전에 비판적인 학자라 할지라도 자유롭게 의견을 개진할 수 있도록 함과 더불어 정부도 진정성 있는 대응을 진행하는 체제가 필요불가결합니다. 사고 수습, 오염 제거, 그리고 원자로 폐쇄 등은 그야말로 일대 사업입니다. 이제야말로 연구자들이 지혜를 모아 자신들의 역량을 발휘해야 할 때입니다."

경수로와 핵잠수함을 거부한다

일본의 원자력 연구를 추진하기 위해 1956년 6월, 특수법인 원자력연구소(지금의 독립행정법인 일본 원자력 연구개발 기구)가 발족했습니다. 이는 무모한 원전 정책을 추진하는 정부와 국민들의 입장에 서서 원자력의 존재양태를 생각하는 연구자들 사이의 싸움이 시작되었음을 알리는 사건이기도 했습니다.

원자력연구소가 설립될 당시 연구원으로 일했던 이치카와 후지오(市川富士夫) 씨(82세)는 "연구자의 임금, 우대 등이 열악했다. 도카이무라에 있던 독신자 기숙사에서는 수도도 없어 통으로 마실 물을 길어 와야 했다. 노조는 이와 같은 문제 해결과 더불어 원자력의 안전한 확보, 평화적 이용이라는 세 가지 원칙(민주·자주·공개)을 내걸고 활동했다"고 회고했습니다.

원자력연구소 설립 이후 1960년대로 넘어오면서 문제가 되었던 것이 바로 JPDR(Japan Power Demonstration Reactor)이라 불리는 미국 제너럴일렉트릭(GE)사 제조의 원자로 도입이었습니다. 이 원자로는 그 후 일본 각지에 잇따라 도입되었던 농축우라늄

형 원자로(경수로)의 '일본 제1호'입니다. 미국 측은 "경수로는 이미 실증이 끝났다"고 선전했지만, 사고도 많을 뿐더러 아직 기술적으로도 확립되어 있지 않다는 연구자·연구원 노조 등의 비판이 날로 거세졌습니다.

원자력연구소 시절 노조위원장을 지냈던 타테노 아츠시(館野淳) 주오(中央)대학 교수(75세)는 "당시는 미국이 세계전략의 일환으로 세계 여러 나라에 경수로를 수출하던 시기였기 때문에 원자력연구소 연구자가 JPDR의 기술적 결함을 지적하면 주변에서 '호랑이 꼬리를 밟았다'[15]는 소리까지 들었다"고 술회했습니다.

그러나 GE는 발전(發展)에 성공한지 3일 후 돌연 노사관계 문제를 이유로 JPDR에 운전정지 명령을 내렸습니다.

GE의 명령에 관한 대응을 둘러싸고 원자력연구소 측과 노조의 대립이 격화되자 사토 에이사쿠(佐藤栄作) 당시 과학기술청 장관(후에 총리가 됨)은 원자력연구소에 급히 '운영개선'을 지시하게 됩니다. 이를 계기로 원자력연구소에 노무부가 설치되고 연구자와 노조 등에 대한 공격이 한층 강화되었습니다.

이 '공격'은 노조 간부에 대한 공격이나 부당한 업무상 조치, 승급차별 등으로 구체화되었으며, 급기야 1964년에는 공안경찰 관계 잡지인 ≪전모(全貌)≫가 '일본원자력연구소의 공산당원'이라는 특집까지 게재했습니다. 또한 어느 자민당 의원은 국회에서 "(노조와 연루된 일본공산당원) 20명은 내가 이름까지 확실하게 거명할 수 있다"면서 노조에 대한 공세를 폈습니다.

1963년 미국이 해군의 원자력잠수함을 기항(寄港)시키려 해서 범사회적인 반발이 일어났던 사건이 있습니다. 당시 원자력연구소 노조는 '평화적 이용 3원칙'에 반할뿐더러 안전상의 문제가 있다는 이유로 원자력잠수함의 기항에 반대했고 전문가적 입장에서 원자력잠수함의 위험성을 알리는 집회 등에서의 강연활동을 개시했습니다. 또한, 1960년대 후반 전력회사들이 각지에서 실행했던 경수로형 원전 건설이 사회문제로 떠오르자 주민들의 요청에 따라 나름의 경험을 발전시켜 보다 적극적으로 강연활동에

돌입했습니다. 경수로의 위험성을 호소하는 원자력연구소 노조의 강연 활동은 주민 운동의 진전에 큰 힘이 되었습니다.

타테노 씨가 강조했습니다.

"연구자로서 늘 원자력 연구 결과를 사회에 환원하고자 하는 바람을 가지고 있었어요. 하지만 경수로는 결코 실증이 끝났다고 할 만한 기술이 아니었습니다. 이 사실을 국민들에게 전하는 것은 연구자로서의 사회적 책무였고요. 그렇지만 미국과 일본의 정부·재계가 이를 용납하지 않았습니다."

왜곡되어 버린 연구

　원자력연구소에 연구자 연락 간담회가 설치되면서 자주적인 학습회나 견해 발표 등은 더욱 활발하게 이루어졌습니다. 하지만 1964년 무렵부터 이러한 자주적인 활동에 대해 취업 규제 등과 같은 방해 조치가 실시되면서 연구 분야에 있어서의 자유는 저해되기 시작합니다.

　1968년 다카사키 연구소에 제2조합을 만들었던 무나카타 에이지(宗像英二) 이사장이 취임하면서 억압은 더욱 거세졌습니다. 전 원자력기술연구소 연구원 타테노 아츠시 씨는 "동력로·핵연료 개발 사업단의 재처리 공장 반대 서명운동을 했던 연구소 직원에게 탄압이 가해지는가 하면 사고와 관련해 부당한 처분 등이 이루어졌습니다. 자유로운 의사 표현이 사라졌던 그때 상황을 모두들 '공포정치'라 불렀지요"라고 증언했습니다.

　1968년 11월, 원자력연구소 노조는 국산 원자로 1호기(JRR-3)에서 연료파손 사고가 이어지고 있다는 사실에 대해 노조가 발행하는 직장신문을 통해 고발했습니다. 이에 원자력연구소 측은

1969년 2월 '사실을 왜곡했다', '(연료를 제작했던) 히다치제작소로부터도 항의가 빗발치고 있다' 등의 이유로 조합원들에게 정직, 강제 이동배치 등과 같은 징벌 조치들을 강행했습니다.

탄압이 일상화된 전제적 지배로 인해 결국 연구는 올바른 방향으로부터 벗어나 왜곡되어 버렸고, 그 결과는 안전 연구에 있어서의 가장 심각한 형태로 나타났습니다. 1973년 6월 원자력연구소 노조위원장을 지낸 나카지마 토쿠노스케(中島篤之助) 씨(고인)가 월간지 ≪과학≫(이와나미 서점)에 <원자력 시설의 사고 사례에 관하여>라는 논문을 게재했다는 이유로 '엄중 주의' 처분을 받았습니다. 나카지마 씨는 학술회의 회원이기도 했던 까닭에 연구원들로부터 무척 신뢰가 두터운 인물이었습니다.

이듬해인 1974년에는 원자력선 '무츠(むつ)'에서 방사선이 유출되는 사고가 발생했습니다. 나카지마 씨는 나가사키 현 사세보(佐世保)항에서 진행되던 이 배의 수리작업을 위해 1977년 1월 나가사키 현지사가 설치한 안전연구위원회에 출석해줄 것을 요청

받았습니다. 그러나 원자력연구소는 그의 출석을 인정해 주지 않았고, 이를 무시한 채 위원회에 출석했던 나카지마 씨에게 '무단 결근'을 했다며 감봉처분을 내렸습니다. 이 사건은 매스컴에서도 다뤄지는 등 큰 물의를 빚었으며, 급기야 원자력위원장까지 개입하게 되는 사태로 번졌습니다.

연구에 대한 압력은 이와 같은 부당한 처분뿐만 아니라 예산을 배분할 때에도 어김없이 나타났습니다. 일본 전역에 만들어진 경수로에 대해 정부는 기술적으로 '실증이 완료'되어 안전성에 문제가 없다는 입장을 취했습니다. 그리고 원자로의 '안전 연구'를 계속 축소해 갔습니다.

전 원자력연구원 연구원 이치카와 후지오 씨는 "안전 연구라는 이름으로는 연구가 불가능했다. 아예 명칭 자체가 '안전성 실증 시험'으로 바뀌면서 안전성을 높이기 위한 새로운 아이디어는 전혀 채택될 수 없었고, 당연히 예산도 편성되지 않았다"고 술회했습니다.

이렇게 원전추진을 향해 폭주했던 결과로 일어난 사건이 바로 후쿠시마 제1원전 사고였던 것입니다.

이와이 타카시(岩井孝) 일본원자력연구개발기구 노조위원장은 말합니다.

"정부는 '안전 신화'와 결별하고 사고방식을 근본부터 바꿔 가지 않으면 안 됩니다."

이제야말로 연구자가 제 역할을

핵연료 사이클 계획을 담당하는 동연에서도 심각한 억압과 차별이 이루어졌습니다.

'핵연료 사이클'은 사용 후 핵연료로부터 얻은 플루토늄을 연료로 사용하는 계획입니다.

동연은 고속증식로 '몬주'(후쿠이 현 쓰루가 시) 개발을 국가적 프로젝트로 상정하고 발족 후 10년 내 달성을 목표로 박차를 가했습니다.

그러다가 1974년 동연 도카이 사업소의 재처리공장(이바라키 현 도카이 무라)에서 시험운전이 진행되던 도중 하청 노동자가 추락하는 사고가 일어났습니다. 그리고 1975년에는 우라늄을 플랜트(plant, 처리시설)로 흘려보내는 시험을 앞두고 노조가 인원확충과 더불어 사업장 내 80곳의 환경개선 등을 제안하는 일이 있었는데, 동연은 일언반구 없이 그저 시험만 강행할 뿐이었습니다.

동연 노조위원장을 역임한 엔도 쇼조(円道正三) 씨(68세)가 말했습니다. "재처리는 기술적으로 미확립 상태일 경우 필연적으로 위험이 따르기 때문에 안전을 확인해 가면서 차분히 스텝을 밟아 나가야 한다고 주장했습니다. 하지만 동연은 '재처리는 이미 확립된 기술이다. 안전심사도 통과했다'면서 안전관리보다 공정을 우선했지요."

플랜트는 그 후 여러 가지 오류가 발견되면서 몇 번이나 정지했고, 결국 대폭적인 수리를 받을 수밖에 없었습니다. "여유 없는 공정은 과학적·기술적 현실을 무시한 정치적인 요구 때문에 출현한 것이었다"고 엔도 씨는 강조했습니다.

안전문제를 정면에서 다루는 이들에 대한 배제에는 어김없이 인사·승진 등에서의 차별이 수반되었습니다. 상사로부터 "지금의 경찰도 태평양전쟁 이전과 마찬가지로 사상 점검이 주 업무다"라는 위협적인 말로 압박을 당하거나 단지 조합 임원의 결혼식에 참석하려 했다는 이유만으로 "자네의 장래를 보증할 수 없다"는 소리를 듣는 사람도 있었습니다.

엔도 씨도 자신의 업무에서 이유 없이 배제되었습니다. 동연

측은 심지어 안전문제 상담 등 조합원들과 엔도 씨의 접촉을 막기 위해 엔도 씨의 자리에 놓여있던 전화를 치워 버렸습니다. 그는 "공격이 가족들에게까지 영향을 미쳐 아이가 '저 집 아이와 놀지 말라'는 소리까지 듣게 되는 바람에 결국 사택에서 나와 이사를 갈 수밖에 없었다"고 회고했습니다.

심지어 노조조차 '건전한 원자력 개발 추진'을 표방하며 노사협조로 방침을 바꾸었습니다. 일본공산당 소속 세자키 히로요시(瀬崎博義) 중의원은 1980년 11월 동연에서 사고가 끊이지 않는 것을 거론하며 "기술자를 사상에 따라 차별하는 것이 기본 방침에 포함되어 있기 때문"이라고 지적했습니다. 또한, 세자키 의원은 '연수목적은 일본공산당의 노조 지배를 완전히 배제시키는 것'이라는 내용이 적힌 감독자 연수의 감상문을 제시하며 비정상적인 노무 지배를 중단하라고 요구했습니다.

끝내 '몬주'는 1995년 냉각재인 나트륨이 유출되면서 화재 사고를 일으켰습니다. 자그마치 1조 엔이 투입된 사업이었건만 운전 재개 전망은 전혀 보이지 않습니다. 1997년에는 재처리 공장에서 화재폭발 사고가 일어나 비판여론을 뒤집어쓰기도 했습니다. 그리고 2005년 동연은 일본 원자력연구소와 통합, 일본원자력연구개발기구가 되었습니다.

일본원자력연구개발기구 노조위원장 이와이 타카시 씨가 강조했습니다.

"후쿠시마 제1원전 사고 수습 등 연구자들이 수행해야 할 역할이 큽니다. 많은 연구자가 이번에야말로 제대로 자신의 역할을 다해야겠다고 다짐하고 있어요. 그러한 바람에 부응할 수 있는 체제 확립을 국민들과 더불어 요구하고 싶습니다."

옮긴이의 말

1.

325명의 단원고 학생들을 포함, 총 476명의 승객을 태우고 제주로 향하던 세월호가 사실상 '예정되어 있던' 침몰을 일으킨 2014년 4월 16일, 고리 1호기가 2007년에 이어 두 번째로 수명 연장을 허가받았다. 고리 1호기는 군사독재 정권이 '제3의 불' 운운하며 원자력을 칭송하던 1978년 상업운전을 시작한 한국 최초의 원전이었다.

세월호 침몰 당시 우왕좌왕하다 골든타임을 놓친 끝에 단 한 명의 생존자도 구조하지 못한 대참사로 몰아간 정부 당국의 참담한 위기관리 능력. '이런 나라'에서 만약 원전 사고가 일어난다면 그 피해 수준이 후쿠시마 제1원전 사고를 넘어서리라는 것은 의심의 여지가 없다. 좁은 국토 이곳저곳에 산재해 있는 23기의 원전. 그나마 방재기술이나 인프라는 2011년 3월 당시 일본과 비교해도 취약하기 짝이 없기 때문이다.

그럼에도 불구하고 원전 사고의 직접적 원인으로 작용할 수 있는 비리가 끊이지 않는다. 관련 공기업의 경영진부터 말단 직원, 관료와 전문가들까지 모두 한통속, OECD '최저가 수준'인 산업용 전기료의 혜택을 톡톡히 누리고 있는 재벌은 시종일관 원전 추진에 힘을 실어주며 모든 불안과 경제적 부담은 고스란히 국민의 몫으로 남는다.

≪원전마피아: 이권과 종속의 구조≫는 이 '복마전(伏魔殿)'의 한가운데에 서 있는 원전이익공동체(재계, 정계, 관계, 학계, 매스컴), 즉 원전마피아가 어떻게 스스로를 살찌우고 그 패권적 지위를 유지해 왔는지를 한 편의 다큐멘터리처럼 보여주는 본격 르포르타주다.

2.

≪원전마피아: 이권과 종속의 구조≫는 일본의 진보언론 <신문 아카하타> 편집국이 정치·경제·사회부 취재인력을 대거 투

입, 원전 도입과 이를 둘러싼 유착구조의 형성, 그들에 의해 이루어지는 '원전추진 현상(現狀)'을 파헤쳐 화제를 모은 '원전 시리즈'의 두 번째 책이다.

원전 문제에 '화두'를 던지는 데 내용의 초점이 맞추어져 있던 전작 ≪일본원전 대해부: 누가 원전을 재가동하려 하는가≫의 문제의식을 유지하되, 르포르타주로써의 특성에 보다 무게를 실어 집필한 이 책의 내용은 '돈'을 매개로 형성된 원전마피아가 '돈'을 무기로 원전에 반대하는 국민여론을 어떻게 무력화시키고, 전직 총리들을 포함한 보수정치 유력인사들을 포섭해 왔는지 보여주는 것으로 시작된다.

이어 방대한 사료를 분석한 미국 현지취재를 통해 '원자력의 평화적 이용'이라는 구실을 내세운 미국의 '핵에 의한 세계지배'가 지배계층을 통해 어떻게 일본사회에 받아들여졌는지를 고발하고, 여기서 매스컴이 어떤 역할을 수행했는지에 대해 규명한다. 아울러 인터넷과 사전공모 등을 통한 여론조작이 일상화된 현실 속에서 수많은 관련 기업이 어떤 식으로 막대한 이익을 챙겨왔는지에 대해서도 지적한다.

아울러 책의 대단원에서는 도쿄전력 내부와 학계 등에서 원전의 위험성을 경고하던 이들에게 가해진 '색깔론 공세'에 대한 생생한 증언이 소개된다. 이 부분은 오늘날 정부시책에 문제제기하는 이들에게 무조건 '종북'이라는 꼬리표가 따라붙는 현실을 목도하고 있는 한국의 독자들에게 특별한 시사점을 던져 줄 것이다.

3.

혹자는 ≪원전마피아: 이권과 종속의 구조≫가 '일본의 사례들을 다루고 있는, 일본에서 발행된 책'이므로 한국의 원전 문제에 그대로 대입해 바라보기에는 다소 무리가 있지 않은가 하는 의구심을 가질 수도 있다.

하지만 단언컨대 그것은 기우에 불과하다.

"안전하게 운영만 된다면 큰 문제없다"면서 '안전 신화'를 남발하고, "1kW의 전력을 생산하려면 원전은 39.5원이 들어가는데 유연탄은 66.2원, 수력은 180.8원, 중유는 250.7원이 필요하다"는 '경제적 메리트'를 역설하는 한편, '원전에 대한 이해도를 높인'다면서 고등학생과 대학생들을 상대로 한 '이벤트(에너지 토크 콘서트)'에 열을 올리는 관련 공기업의 행태는 그간 일본 원전마피아의 핵심인 전력회사들이 보여주었던 모습과 다르지 않기 때문이다.

"세월호 참사 이후의 가장 큰 재앙은 바로 원전 사고가 될 것"이라는 우려가 사회 곳곳에서 터져 나오는 오늘의 현실에서 ≪원전마피아: 이권과 종속의 구조≫는 이 '위협'의 주체인 원전마피아와 이를 둘러싼 유착구조를 폭로하고, 그 '거대한 어둠'에 맞서 지난한 싸움을 계속해 온 노동자, 시민, 그리고 양심적인 전문 연구자들(대표적으로 2011년 노근리평화상을 수상했으며, 시인 윤동주 기념비 건립위원회 대표이기도 한 안자이 이쿠로 리츠메이칸대학 명예교수의 사례가 다뤄진다)의 이야기를 소개함으로써 '탈(脫)원전의 구체화'를 고민하는 모든 이에게 하나의 가이드라인(guideline)을 제시해 줄 것이다.

언제부터인가 정부가 원자력 산업과 자원외교를 마치 '국가경제의 대안'인 양 선전해 대는 요즈음, 세계 5위의 '원전 대국' 한국에서 아이들에게 '안전한 미래'를 물려주고 싶다는 바람을 가진 독자들에게 이 책이 남다른 의미를 지니는 것은 바로 그 때문이다.

4.

≪원전마피아: 이권과 종속의 구조≫를 번역·출판하는 과정에서 한일 양국의 많은 분들에게 신세를 졌다. '원전·핵무기 없는 세계'를 향한 한·일 두 나라 국민의 교류와 연대를 위해 번역 작업을 아낌없이 후원해 주신 시이 가즈오(志位和夫) 일본공산

당 중앙위원회 위원장, 늘 따뜻한 격려를 아끼지 않으시는 오가타 야스오(緖方靖夫) 일본공산당 중앙위원회 부위원장, 선배 저널리스트로서 수십 년에 걸친 <신문 아카하타> 특파원 생활경험을 바탕으로 많은 가르침을 주시는 모리하라 키미토시(森原公敏) 일본공산당 중앙위원회 국제위원회 사무국장, 언제나 가장 가까운 자리에서 필자가 능력에 부치는 막중한 책임에 힘겨워하는 순간마다 형제의 무한한 사랑으로 용기를 북돋아 주시는 다도코로 미노루(田所稔) 신일본출판사 대표이사 사장 겸 편집장, 좋은 책을 써 주신 <신문 아카하타> 편집국 동료 여러분과 바쁜 일과를 쪼개어 열정이 묻어나는 책의 한국어판 서문을 보내주신 곤도 마사오 편집국 차장, 다른 듯 너무도 닮아 있는 한일 두 나라의 현실을 사회과학적으로 바라보는 데 있어 만날 때마다 열정적인 개인지도를 해 주시는 소중한 스승이자 의형(義兄) 시미즈 다카시(清水剛) 도쿄대학 대학원 종합문화연구과 교수(아울러 조만간 태어날 그의 차남이자 나의 조카에게 축복의 말을 전한다), 저널리스트로서의 글쓰기에 새로운 지평을 열어갈 수 있도록 헤아리기 힘들 정도로 많은 지도편달을 해주시는 하타노 슈이치(羽田野修一) 월간 ≪게이자이(経済)≫ 편집장, ≪원전마피아: 이권과 종속의 구조≫의 출판 기획 단계에서부터에 뜨거운 관심과 열정을 보여 주시고 과감히 출판을 결정해 주신 '자유로운 인간들의 공동체' 나름북스의 너무도 믿음직스러운 세 편집자 여러분, 둘도 없는 소중한 친구이자 동업자이며 늘 헌신적 우정으로 나를 이끌어 주는 양헌재(良獻齋) 서재권 대표, 내가 출판한 책들의 애독자이며 새 영화 제작을 위한 바쁜 일정 속에서도 ≪원전마피아: 이권과 종속의 구조≫의 원고작업을 진행하던 내게 격려의 말을 아끼지 않으셨던 영화감독 정윤철 형, 마지막으로 이 책의 실질적 주인인 한국과 일본 두 나라의 출판 노동자 여러분께 이 지면을 빌어 진심어린 감사의 마음을 전한다.

2014년 7월 치바현에서

옮긴이 **홍상현**

1) 원자로의 노심이 심각하게 손상되거나 방사성물질 방출 위험이 있는 등 재가동 여부를 판단해야 할 정도의 중대사고. - 편집자

2) 큐슈전력 사전공모 메일 사건(九州電力やらせメール事件): 2011년 후쿠시마 제1원전 사고로부터 고작 3개월 정도가 경과할 무렵, 원전추진론자들에 의해 큐슈전력 겐카이(玄海) 원전 2, 3호기의 재가동 논의가 고개를 쳐들기 시작했다(겐카이 원전은 일본 정부가 후쿠시마 제1원전 사고 이후, 전국의 원전을 재가동하기 위한 돌파구로 상정하고 있던 곳이기도 했다). 당시 경제산업성이 주최한 사가(佐賀) 현 주민 대상 '설명 프로그램'(설명회는 6월 26일)에서 큐슈전력은 관계사 사원들로 하여금 운전 재개를 지지하는 내용의 이메일을 투고하게 함으로써 여론조작을 시도했다. <신문 아카하타>는 관계자 증언을 취재하는 한편 내부문서 등을 입수, 2011년 7월 2일 자 보도에서 이 사건을 특종으로 다루어 반향을 불러 일으켰다. - 옮긴이

3) 잉여전력(剩餘電力)을 이용, 펌프로 고지대의 저수지에 양수(揚水)하여 물을 저장했다가 필요한 시기에 이 물을 흘려 전기를 생산하는 발전 방식을 말한다. - 옮긴이

4) 전원 3법 교부금(電源三法交付金): 전원개발촉진세법(電源開発促進税法), 특별회계에 관한 법률(이전의 전원개발촉진대책특별회계법), 발전용시설주변지역정비법 등에 근거해 정부가 원전입지 지자체 및 그 주변 지자체 등에 지급하는 교부금. 1974년 6월 다나카 가쿠에이(田中角栄) 내각 때 도입되었다. 당시 나카소네 야스히로(中曾根康弘) 통상산업대신은 '전원 3법 교부금'에 대해 원전에 대한 주민의 불안감 등을 감안한 일종의 '피해 보상금'이라는 견해를 밝혔다. - 옮긴이

5) 몬주(もんじゅ): 일본이 독자 개발한 고속증식 원자로. 이름은 문수보살의 일본어 발음 もんじゅぼさつ에서 따왔다. 사용한 핵연료보다 많은 핵연료를 생산할 수 있다는 이론에 따라 핵연료 사이클 계획의 일환으로 개발되었으나 1995년 후쿠이 현 쓰루가 시 몬주에서 발생한 나트륨 누출 사고 이후 운전이 중지된 상태다. - 편집자

6) 사사고 카츠야(笹子勝哉), ≪정치자금≫, 사회사상사, 1988.

7) 비등수형(沸騰水型) 경수로(BWR): 경수(원자로의 물)를 감속재 및 냉각재로 사용하는 원자로. 노심 내에서 물을 직접 비등시켜 증기를 만들고 그것으로 터빈을 돌린다. 열교환기나 대용량펌 프 같은 별도의 증기발생기가 불필요하므로 설계비용이 적게 드나 방사선 차폐가 어려워 안전에 취약한 단점이 있다. 가압수형(PWR) 경수로에 이어 두 번째로 흔한 원자로이며 주로 미국, 스웨 덴, 일본에서 사용된다. - 편집자

8) 태평양전쟁 이후 개발된 원자로. 형식적인 명칭은 1956년 영국 최초의 원자력발전소(제1호: 출 력 4만 5000kW)가 가동된 컴벌랜드(Cumberland) 주 콜더홀을 기념하여 붙인 것이다. 천연 우 라늄을 연료로 하고 감속재로는 흑연을, 냉각재로는 이산화탄소를 사용한다. 경수로와 더불어 가장 풍부한 운전 실적을 가진 원자로라는 평가를 받고 있는데, 원래는 발전용으로 설계된 것이 아니라 원폭재료가 되는 플루토늄을 생산하기 위한 군사적인 목적으로 개발된 것이기 때문에 전 력의 경제성 면에서 난점이 있었다. 이후 발전용으로써 개량되어 1대에서 60만kW의 전기 출력 이 가능하게 되었다. - 옮긴이

9) Daniel F. Ford, ≪Meltdown: The Secret Papers of the Atomic Energy Commission≫, Simon & Schuster, 1986.

10) 노토지방에서 여름부터 가을에 걸쳐 벌어지는 축제. 키리코(キリコ)라 불리는 거대한 등 롱이 거리를 행진한다. - 옮긴이

11) '쇠로 만든 성과 끓는 물을 채운 못'이란 뜻으로, 침해받기 어려운 장소를 이르는 말. - 옮 긴이

12) '플루서멀'은 사용 후 핵연료에서 플루토늄을 추출, 이를 우라늄과 혼합한 MOX(우라 늄·플루토늄 혼합산화물연료) 연료로 만들어 열중성자(thermal) 원자로에서 연소시키 는 것을 말한다. - 옮긴이

13) 태평양전쟁 이후 점령하의 일본에서 연합군 최고사령관 맥아더(Douglas MacArthur)의 지시에 따라 일본공산당원과 그 동조자들이 공직으로부터 추방되자, 이와 연동되어 관공서나 기업에서 '일본공산당원이거나 그 지지자'라고 여겨진 이들도 대량으로 부당해고를 당했던 사태를 가리키는 말. - 옮긴이

14) 일본사회당(日本社会党) 내 우파 국회의원들이 1960년 1월 탈당한 후 결성했던 정당. 1994년 신진당(新進党)이 결정되면서 해산한다. 신진당은 그로부터 3년 뒤인 1997년 해산했다. - 옮긴이

15) '위험천만한 짓을 했다'는 의미. - 옮긴이